인사이드
원예심리

마음꽃을 활짝 피워주는 원예치료

인사이드 원예심리

신상옥 지음

매일경제신문사

추천사

　꽃이 꽃을 웅변한다. 만나면 만날수록 저자 신상옥은 꽃 같은 사람, 사람꽃이다. 꽃처럼 밝고 향기로운 운치를 가진 그가 꽃과 식물 심지어 잡초마저 예찬한다. 순식간에 읽을 수 있는 자상하고 다정한 글이다. 읽을수록, 단순한 원예치료 예찬을 넘어선다. 꽃과 식물이 주는 효능감을 설파하면서도, 그의 가슴은 '사람'에 집중한다. 원예치료라는 개념은 도구에 불과할 뿐, 책의 밑그림은 온전히 인간과 자연의 공존을 주제로 한다. 인간은 자연과 더불어 대지 위에 발 딛고 살아야 행복할 수 있다는 행복론이다. 생명과 생태의 철학을 담은 인간학이다. 저자는 웅변한다.

　"친구야. 힐링이 아니야. 힐빙이야. 꽃과 함께 더불어 살자. 아니 꽃처럼 살자. 아니 마침내 꽃이 되자. 사람꽃 말이야."

복지국가소사이어티 공동대표 강위원

현대인들은 무한 경쟁을 하며 미래에 대한 불안과 불확실성을 품고 하루하루를 살아낸다. 이로 인해 말과 행동, 표현 등 여러 증상으로 문제가 드러난다. 무엇보다 사람은 다른 사람과 함께하는 시간이 많아야 하는데, 사물 스마트폰, 약물 등에 의존하는 사람들이 늘어나는 것은 분명 우리 사회의 대표적인 역기능이다. 그 역기능을 치료하는 《인사이드 원예심리》는 신상옥 협회장님의 삶과 임상경험까지 녹아 있어 행복으로 안내하는 지침서로 충분하다. 이 한 권의 책이 불러올 파장이 기대된다.

연세대학교 대학원 총 연합회장/국제심리치료협회장 **나명진**

독일 낭만주의 작가 노발리스Novalis가 쓴 소설 《푸른 꽃》에서는 삶의 궁극적인 근원이 '사랑'과 '자연'에 있으며, 그 지고한 경지를 상징하는 것이 바로 '꽃'이라고 했다. 우리가 딛고 있는 현실 세계는 본래 무채색이었을지도 모른다. 이런 현실에 색을 입히고, 생명을 불어넣은 것은 지구상에 존재하는 꽃들과 그것을 닮은 생명들이었으리라. 세상 모퉁이 어딘가에서 값없이 돋은 들풀에서부터 은하 언저리의 이름 모를 고목까지 지금 이 순간에도 누군가는 '푸른 꽃'으로 피어나고 있을 것이다.

마음의 꽃으로 삶을 위로하는 《인사이드 원예심리》는 읽는 순간부

터 갈피마다 스며 있는 향기에 내내 안온한 기운이 감돌았다. 언어 하나하나가 마치 수수꽃다리 꽃잎처럼 순수하고 향기롭기만 하다. 길가에 이름 모를 한 송이 들꽃이, 삶의 의미를 찾아 떠도는 호모 비아토르 Homo Viator, 길 위의 사람에게 기적을 선물한다고 속삭인다. 탁월한 심미안을 지닌 작가는 꽃과 식물을 마주할 때 단순한 오감의 즐거움을 넘어, 마음과 영혼까지도 감동시키는 '아름다움에 대한 경험'이라고 고백한다. 인간과 식물은 생명이 흐르는 하나의 길임을 알려주는 《인사이드 원예심리》는 고단한 내 영혼에 맑고 투명한 '푸른 꽃'으로 오래도록 자라날 것이다.

더불어락 광산구노인복지관장 김복희

아무리 아름다운 장미꽃도 일주일이면 시들지만, 마음꽃 한 송이는 백 년의 향기를 뿜어낸다. 시들어가는 꽃을 어머님 댁으로 갖다드리면 정성으로 보살핌 받은 꽃이 싱싱하게 피어 있는 모습을 본다. 꽃도 사람의 마음을 아는 것 같다. 신상옥 회장님의 《인사이드 원예심리》를 보면 나의 마음밭에 웃음꽃이 피어난다. 책에서 꽃향기가 난다. 이 아름다운 책을 많은 분들이 함께했으면 좋겠다.

웃음박사, 남부대학교 교수 김영식

'원예' 하면 생각나는 것은 부잣집 사모님의 우아한 꽃꽂이나 졸업식의 꽃다발 정도다. 그러나 이 책을 접한 후 원예치료사의 다양한 프로그램이 사람을 살리는 일이라는 것을 깨달았다. 더불어 역시 사람은 흙을 만져야 산다는 사실도 알게 됐다. 이 책은 힐링과 치유가 살아 숨 쉬는 '녹색인문학'이다.

LH 교육지원단장 이정화

PROLOGUE
녹색갈증을 풀어주다

가장 흥분되며 가슴 설레는 순간이 언제였나 생각해보면 그 곁에는 늘 꽃이 있었다. 나는 항상 녹색식물을 마주하고 있었다. 소진된 에너지를 급속 충전시켜주는 것 역시 꽃과 식물이었다. 녹색갈증Biophilia을 유효 적절하게 해소할 줄 아는 지혜를 남들보다 빨리 터득하게 된 것 같다.

'녹색갈증'이란 생명을 뜻하는 '바이오Bio'와 사랑을 뜻하는 그리스어 '필리아Philia'의 합성어로 하버드대학 교수이자, 유명한 생물학자인 에드워드 윌슨Edward Wilson이 1984년에 만든 용어다. 한마디로 우리 인간의 유전자 속에 녹색을 갈망하는 인자가 들어 있다는 학설이다. 인간이 자연 속에 머물면 정신적으로나 육체적으로 안정감을 찾을 수 있어 특별한 무엇을 하지 않더라도 몸과 마음이 회복되는 것 역시 녹색갈증 효과인 것이다.

내가 원예치료를 접하게 된 것은 우연이었지만 그 속에는 내 몸이 가장 원하는 유전인자를 남들보다 빨리 발견할 수 있었던 행운이었고, 이후부터는 숙명적이며, 필연적인 만남이었다. 정신장애인 시설병동에서 했던 첫 강의의 감동은 지금껏 원예치료사의 길을 묵묵히 걸어올 수 있도록 한 마음텃밭이 돼줬다. 정신장애인에 대한 편견을 한 방에 날려버렸고, 꽃과 식물이 주는 생생한 감동의 힘을 전해 받은 에너지 충만한 시간이었기 때문이다.

'꽃을 가장 좋아하는 나이대가 중년 이후이며, 성별로는 여성일 것이다'라는 것은 통계기법을 사용하지 않아도 짐작이 가능하다. 중년여성은 실제로 가장 적극적으로 관심을 보이며, 참여하는 집단이다. 하지만 원예치료 임상실습 중 발견되는 틈새 영역은 그동안의 고정관념을 무색하게 만든다. 그 대상자는 놀랍게도 마음이 하얀 아동이었으며, 삐딱한 자세와 시선으로 바라보는 사춘기 청소년도 있었다. 근엄한 중견간부가 보여준 살인미소에서 몸과 마음이 아픈 장애인의 함박웃음까지 원예치료가 빛을 발하는 곳은 대상자의 경계를 이미 넘나들고 있다.

산업화와 도시화에 따른 환경 변화는 자연을 동경하는 마음을 더욱 강하게 끌어당긴다. 이런 욕망을 해소시켜줄 구원투수가 나왔으니 바로 '원예치료'인 것이다. 실내에 자연을 들여와 만지고 교감할 수 있는 다양한 프로그램은 자연에 비금가는 심리적 만족을 채워준다.

그동안 원예치료 관련 전문서적들이 발간돼 원예치료를 공부하는 학생이나 관련분야 학습자들에게 많은 정보를 제공해왔다. 그러나 '원예'라는 용어는 일반인들에게 적당한 거리감을 유지하고 있는 것을 부인할 수 없다.

이 책에서는 꽃과 식물이 평범한 이웃들의 삶 속에 자연스럽게 녹아 스며들어 마음에는 환한 꽃들이 피어나고, 싱그러운 표정이 살아나는 비법을 담아냈다. 혼란스러운 가치관의 변화 속에서 살아가는 현대인들에게 꽃과 식물이 주는 삶의 지혜와 방향을 제시해 바른 선택을 할 수 있도록 했다. 원예치료 임상현장에서 경험했던 생생한 정보 스케치는 장애인에 대한 인식 개선과 원예치료의 놀라운 효과를 독자와 나누고자 하는 마음으로 그렸다. 원예치료 전문가가 아니더라도 누구나 쉽게 이해할 수 있고 적용할 수 있는 프로그램을 함께 실었다. 모든 해답은 꽃과 식물에게서 얻을 수 있도록 '기승전꽃' 형식으로 구성했다.

나의 작은 소망은 원예치료라는 용어를 배제하더라도 꽃과 식물이 생활 속에 자리 잡아가는 것이다. 이를 통해 기업에서는 직무능력의 향상을, 장애인들에게는 삶의 희망을, 어르신들에는 건강한 노후와 치매예방을, 청소년들에게는 풍요로운 꿈을 키우는 데 도움이 되면 좋겠다는 바람이다. "목마른 화초에게 물을 줘본 날과 안 준 날의 차이를 직접 경험하세요"라는 미션도 남겨둔다.

꽃과 함께라면 Always

신상ok

추천사 • 4
PROLOGUE 녹색갈증을 풀어주다 • 8

제1장 꽃으로 말해요

마음밭에 꽃이 활짝 피었습니다 • 18
원예활동과 호모 루덴스 Homo Ludens • 24
꽃 잘 사주는 멋진 남자 • 29
"영미~" 하면 "장미~" 하세요 • 34
눈물을 부르는 꽃, 카네이션 • 39
5월에는 하얀 꽃들이 핀다 • 45

제2장 사람을 살리는 식물

생명의 전화에 꽃을 심어주세요 • 52
역세권과 숲세권, 당신의 선택은? • 57
만물의 영장이 인간이라면 • 61
식물복지를 소개합니다 • 65
성공적인 3할 인생 • 68

제3장 재미있는 꽃이야기를 들어 보세요

나를 사랑하는 꽃, 수선화 • 76
아픈 사랑을 간직한 히아신스 • 80
언어폭력에 희생된 튤립 • 83
할머니의 눈물, 할미꽃 • 86
순애보의 끝판 왕, 천일홍 • 89

복숭아 빛깔의 외사랑, 능소화 • 92
사랑도 뻥튀기 해드립니다 • 95
나는 백합을 한문으로 쓸 수 있다 • 101
우리나라 꽃, 무궁화 • 106
재미있는 꽃말과 속담 • 109

제4장 식물이 가르쳐준 삶의 지혜

N포세대에서 N품세대로 • 118
백년손님과 사위질빵 꽃 • 123
고질병에서 고칠 병으로 • 127
아들, '부모님 은행' 없다! '부모님 은혜'다! • 129
편의점 많아 편리함 누리시는 당신에게 • 134
나무도 아닌 것이, 풀도 아닌 것이 • 138
같이 삽시다 • 144
나만의 소확행을 찾아서 • 150
감성에 민감하라 • 153
가능성의 날개를 활짝 피우는 밀 싹 • 157

제5장 독특하게 그러나 성공적인 원예치료 프로그램

'갑질' 하면 갑갑하게 만들어줍니다 • 162
중독이 불꽃 돼 • 166
역할극 〈콩가루 집안과 콩나물 가족〉 • 171
술술 풀리는 실타래 인간관계 • 176
머리에서 가슴까지 거리를 좁혀주는 원예치료 • 180
걱정 마요! 그대, 나의 안심인형 • 184

제6장 방송순위 인기 Top 10 식물들

실내 인테리어의 귀족, 스파티필름Spathiphyllum • 190
기억하고 싶은 너의 이름, 호야Hoya • 193
영원한 사랑을 꿈꾸는 스타티스Statice • 196
허브의 중심 로즈메리Rosemary • 198
행운을 담아 드리는 개운죽Sander's dracaena • 200
강인함을 닮고 싶은 다육식물Succulent plant • 202
감사의 마음을 전하는 꽃, 카네이션Carnation • 205
나의 애완식물, 틸란드시아Tillandsia • 207
BTS와 칼랑코에Kalanchoe • 211
너의 아픔까지도 사랑하는 커피나무Coffee tree • 216

제7장 누구나 꿈꾸는 도시텃밭

마음의 상처까지 솎아주는 텃밭 가꾸기 • 224
잡초와 전쟁할래? 동거할래? • 229
유기농에 주목하시오 • 234
살수가 살수대첩 맞지요? • 240

제8장 원예치료 현장 리포트

천사의 집에 웃음꽃이 피었습니다 • 248
난 혼자가 아니야. 독거노인 친구 맺기 프로젝트 • 254
꽃 꺾으면 '아야' 한다 • 260
마음으로 본 꽃향기 • 264
날개를 활짝 펴고 날아요 • 270
턱 고이고 앉아 무얼 생각하니? • 276

제9장 무한 힐링의 세계, 원예치료사

Rising job, 원예치료사 • 284
원예치료의 독특성과 강점 • 286
품격 높은 원예치료사를 찾습니다 • 289
원예치료를 배우고 싶다면 • 292
원예치료 프로그램 • 295
평생행복 평생학습으로 누리세요 • 304

EPILOGUE 식물이 답이다 • 308

참고문헌 및 참고자료 • 312

꽃으로
말해요

제 1 장

밤을 밝혀주는 것이
가로등과 달빛이라면,
마음을 밝혀주는 것은
예쁜 꽃 한 송이만으로도 충분하다.

마음밭에
꽃이 활짝 피었습니다

우리 가족은 대가족이다. 예전에는 다자녀 가족이 흔했다고 하지만 10명의 자녀를 둔 가족은 드물었다. 요즘은 한 명 낳아 키우기도 힘들다고 하는데, 어떻게 농사일을 하며 10명의 자녀를 두셨는지 부모님이 존경스럽기만 하다. 아쉽게도 먼저 태어난 두 아들은 백일과 돌을 지나지 못하고 세상과 이별했다고 한다. 살아 있었으면 나보다 25살이나 많으니 아버지뻘 될 것이다. 지금은 8남매가 의좋게 지내고 있는 지극히 평범하고, 서민적인 가정이다. 놀라운 건 10남매 중에서 내가 10번째로 세상에 빛을 보게 된 마지막 영웅이 됐다는 것이다. 늙은 부모의 마음에는 늘 안쓰러운 막둥이로 태어났다.

"막내라 사랑 듬뿍 받고 자랐겠어요?"

많이 받는 질문이다. 하지만 오산이다. 10남매에 부모님 그리고 할머니까지 초가지붕 아래 13명의 대가족이 살았으니 어떤 상황인지 가히 짐작되지 않는가. 10명의 자녀를 출산한 엄마는 키도 작고, 아주 왜소한 체격이었다. 지금도 그 몸으로 다산하셨다는 것이 미스터리다. 우리 형제 모두가 신체적·정서적으로 건강하게 자란 것을 부모님께 감사한다.

막내인 내가 태어날 때 엄마의 나이는 46살이었다. 20살 위 큰형님이 외출하고 돌아와서는 "또 낳았어요?"라고 말했는데, 그 말을 듣자 매우 민망했다고 하셨다. 그렇게 마지막 주자로 세상의 빛을 보게 된 나에게 걱정이 있었으니, 바로 엄마의 젖이 말라버린 것이었다. 젖동냥할 처지도 아니고, 형편도 여의치 않아서 날이 갈수록 마르고 야위어가는 막내를 바라보는 엄마는 결정적인 처방을 내렸다. 바로 돼지 족을 우려내 먹으면 젖이 나온다는 말을 듣게 됐고, 5일장 가시는 아버지께 부탁해 돼지 족을 부탁하셨다.

기분 좋게 술 한잔 드시고 온 아버지 손에 들린 돼지 족을 보신 엄마는 맨발로 뛰어나가 받아 들자마자 부엌에서 곰국 끓이듯 정성을 다해 밤새 우려내셨다. 진하게 우러날 정도로 끓인 후 식히기 위해 뒤뜰 장독대 위에 소쿠리로 덮고 짐승 손에 닿지 않기 위해 무거운 돌로 눌

러놓고 주무셨다. "아, 이제 우리 막둥이 살리겠구나" 하는 생각을 하니 하늘을 날 것만 같은 행복을 느꼈다고 하셨다.

그런데 사건은 예기치 않는 곳에서 터졌다. 아침식사와 설거지를 마치고 장독대에 간 엄마는 그만 다리에 힘이 풀려 주저앉고 말았다. 밤새 식혀놓은 사골이 감쪽같이 사라져버린 것이다. 한동안 머리가 하애졌다가 번뜩 정신을 차린 후에 보이는 식구마다 사라진 사골의 행방을 물어봤다. 하지만 다들 모른다고 했다. 수소문해도 찾지 못해 포기할 무렵 사랑방에서 혼자 주무시는 할머니가 생각났다. 마지막으로 물어봐야겠다고 애타는 심정으로 할머니 방문을 열고 "어머니, 장독대 위에 소쿠리로 덮어놓은 것 못 보셨소?" 하고 물으니 할머니는 "응, 못 봤다"라고 하셨다. 실망하며 돌아서려는 순간, 낯익은 소쿠리가 구석에 보였다. "어머니, 저건 뭐다요?"라고 물으니 "응, 이거 풀이다. 벽이 하도 낡아서 도배했다" 하시는 거였다.

자세히 보니 그토록 찾던 사골이었다. 엄마는 "아이고, 어머니. 이거 우리 막둥이 젖이 안 나와 죽게 생겨 젖 나오게 하려고 밤새 끓여 놓은 것인데, 이렇게 써버리면 어쩐대요?"라고 탄식했다. 할머니는 "난 풀인 줄 알았제!"라고 아무렇지 않은 듯 말씀하셨다. 치매 초기 증세로 간간이 이상행동을 하셨기에 엄마는 기막힌 대답에도 따지지도 못하고 밖으로 나오셨다. 서러움과 분노로 깊은 한숨만 내쉬면서 날이 갈수록 말라가는 나를 붙잡고 한없이 울었다.

이 사연은 훗날 내가 컸을 때 엄마가 들려주신 실화다. 아버지께 상황을 말씀드리고 5일 후 다시 돼지 족을 사와 더욱 진하게 그리고 단단히 보관해 나에게 먹인 덕분에 쑥쑥 잘 자라줬고, 살이 뽀얗고 통통하게 올라오는 모습을 보면서 세상 어느 것과 바꿀 수 없는 행복감을 느꼈다고 하셨다. 돼지 사골로 생명을 이어주고, 건강을 덤으로 주신 부모님께 늘 감사하다.

명절이나 가족의 애경사가 생기면 너 나 할 것 없이 한마음 돼 척척 일을 헤쳐 나가는 화목한 가정이었다. 무엇보다도 부모님에 대한 극진한 효심은 한결같아 서로가 노부모님 안부와 건강을 물어가며 돌보는 효 실천이 몸에 깊숙이 밴 가족이다. 우리 형제들만이 가진 공통적인 달란트(강점)가 있다. 모든 형제자매가 목소리가 좋고, 노래를 즐기며 잘한다는 것이다. 둘째 누님은 마을 동네 노래자랑만 나가면 양은냄비며 소쿠리 등을 모두 차지했고, 막내 누님도 학교 행사 때면 학년과 학교 대표로 뽑힐 정도의 실력을 갖고 있었다. 대체로 누님들의 노래 실력 못지않게 남자 형제 역시 나를 제외하곤 수준급이다. 제일 노래를 못한 나도 초등·중학교까지는 반대표로 곧잘 뽑히곤 했다.

가족 중 노래와는 유난히 거리가 먼 사람이 있었는데 바로 엄마다. 아버지는 목청도 좋으셔서 막걸리 한잔하시면 성주풀이로 좌중을 사로잡았다. 형제의 목소리는 엄마보다 아버지의 유전을 많이 받은 것 같다. 그런 엄마도 가끔 흥얼거리며 노래를 부르실 때가 있었다. 어떤 연유로 노래를 부르시는지 몰랐지만 분명히 기억나는 것은 담벼락 밑에 조그맣게 만들어진 꽃밭이 있었고, 그 자리가 엄마의 노래 연습장이었다는 것이다.

귀를 기울여 보면 음정과 상관없이 시조니 가사 형식의 즉흥 노래였다.

"꽃이 또 피었구나. 이 힘한 세상 뭐 볼 거 있다고 피었다냐. 그래도 너 보니 내 마음도 편하구나. 잘 피었다 잘 지어 내년에도 다시 나오거라."

이런 가사를 읊조리신 엄마 발밑에는 붉은 봉숭아꽃이 피어 있었다. 어느 날 트랜지스터라디오에서 〈장수 노래자랑〉이라는 프로그램을 듣다가 엄마를 출연시키고 싶었다. 그때부터 아마 공중파에 대한 관심과 자질을 보여준 거 같다. 어떤 노래를 가르쳐줄까 고민하던 중 우리 가족처럼 대가족이 행복하게 살아가는 모습을 표현한 가수 이석 님이 부른 〈비둘기 집〉이라는 노래로 선택했다. '비둘기처럼 다정한 사람들이라면, 장미꽃 넝쿨 우거진 그런 집을 지어요'로 이어지는 가사가 우리 집과 딱 맞아떨어졌다. 하지만 우리 형제와는 전혀 다른 음악적 재능을 보여준 엄마에게 이 노래를 가르쳐준다는 것은 결코 쉽지 않았다.

"엄마 따라 해 봐. 천천히…."

악보는 없어도 한 음절, 한 음절 악상을 살려 매일매일 지도했건만, 엄마는 여전히 시조를 읊으셨다. 중간에는 "아이고, 안 하련다. 그냥 놔둬라" 손사래 치면서도 끝까지 가사를 외우셨다. 약 한 달간 집중 트레이닝의 결과로 가사와 음정을 익혔지만, 방송국은 떨리고 무섭다는 이유로 출연을 포기하셨다. 엄마와의 진한 추억이다.

아침을 함께 나눈 엄마의 발걸음은 장독대 돌 틈 사이에 피어 있는 봉숭아와 채송화를 향하신다. 엄마는 꽃들을 보시면서 나를 부른다.

"막둥아, 요것이 요렇게 살것다고 자갈 틈에 피어 있는 것 좀 봐라. 꽃밭이 별거 있냐? 마음밭이 꽃밭이면 되지. 우리 막둥이, 힘들어도 마음만은 상하지 말고, 꽃처럼 활짝 피우거라. 인생 생각하기 나름잉게. 참고 지내면 언젠가는 꽃핀단다. 요 봉숭아처럼…."

엄마의 힘 있는 격려 덕분에 어려울 때마다 장독대 돌 틈에서 피어난 봉숭아와 맨드라미, 그리고 채송화를 생각했다. 그리고 이제는 돌아와 힘들고 지친 사람들의 마음밭에 꽃씨를 뿌려준다. 언젠가는 활짝 피어나 환한 미소로 다가와줄 꽃들을 기대하면서….

원예활동과 호모 루덴스 Homo Ludens

호모 루덴스 Homo Ludens는 '유희하는 인간'을 뜻하는 용어다. 인간의 본질을 유희의 관점에서 파악한 인간관이다. 문화사를 연구한 '요한 하위징아 Johan Huizinga'에 의해 창출된 개념으로 유희라는 말은 단순히 논다는 말이 아니라, 정신적인 창조활동을 가리킨다. 풍부한 상상의 세계에서 다양한 창조활동을 전개하는 학문, 예술 등 인간의 전체적인 발전에 기여한다고 보는 모든 것을 의미한다. 원예활동과 호모 루덴스의 관계를 생각해본다.

　오래전부터 우리는 호모 루덴스의 삶을 살아왔다. 산업화, 도시화가 되면서 많이 사라졌지만 생활 속 다양한 원예활동은 삶의 에너지를 제공해줬고, 창의적인 놀이문화를 만들어줬다. 주변에는 항상 꽃과 식물, 작물들이 함께 있었기 때문에 가능했던 것이다.

　호모 루덴스의 삶을 살아왔기 때문일까? 성공한 기업인, 학자, 존경받는 인물들의 유년기와 학령기의 생활은 대부분 시골농·어·산촌에서 보냈다는 것을 자서전이나 위인전을 읽어 보면 알 수 있다. 자연과 함께 뛰놀고, 자연의 소리에 귀 기울이며, 자연의 산물을 이용하는 창의적인 놀이활동을 주체적이고 능동적으로 했기 때문이라고 생각한다.

　나의 유년시절을 장식한 계절별 창의적인 원예활동이 생각난다. 봄이면 떨어지는 감꽃을 실에 꿰어 감꽃 목걸이를 만들었다. 쉬운 활동 같지만 감꽃은 단단한 듯하나 약해서 툭 하고 깨질 수 있기 때문에 적절한 힘을 줘야 한다. 힘의 에너지 전달 방향과 양을 감각으로 익히는 과정이다. 또 봄에 많이 하는 놀이 중 '아카시아 잎 떼기' 놀이가 있다. 가위바위보를 해서 이긴 사람이 먼저 엄지와 검지를 이용해 아카시아 잎을 힘껏 튕겨준다. 모든 잎을 먼저 제거하는 사람이 승자가 된다. 이 놀이 역시 상대의 심리를 파악하고, 예측할 수 있는 예지력이 필요한 놀이다.

　여름에는 대추나무 시집보내기를 통해 식물의 생리학인 다수확의 원리를 스스로 터득했다. 한여름 밤 백반을 이용한 '봉숭아 물들이기'는 천연화장품 제조 기술의 기반을 마련했다. 토끼풀을 이용한 손목

시계와 반지 만들기 역시 섬세한 손놀림이 필요한 것으로 활발한 두뇌 자극을 통해 인지, 감각, 기억, 공간, 수리 능력을 발달시켰다. 옥수수 껍질과 수염으로 인형 만들기 또한 흥미로운 원예활동 놀이 중 하나였다. 또한 관악기를 흉내낸 버들피리나 풀잎피리를 만들어 부는 놀이는 음악과 친숙해질 수 있는 좋은 계기가 됐다. 강아지풀을 이용해 개구리 잡는 낚시도구는 누가 가르쳐주지도 않은 창의적인 발명품이다.

가을에는 솔방울과 도토리 껍질을 이용해 부엉이를 만들어 예술의 깊이를 더한 공예기술을 발달시키는 데 한몫했다. 가을의 대표적인 놀이는 짚을 이용한 창작공예다. 볏단으로 움막 짓기 놀이를 하면서 건축기법을 이해할 수 있다. 등·하굣길에 코스모스 꽃잎에 앉아 있는 벌을 잡기 위해 조심스럽게 다가가 코스모스 잎을 밑에서부터 한 번에 오므리다가 벌에 쏘인 경험이 한두 번 있을 것이다. 전략을 이해하는 좋은 놀이가 된 것이다.

한겨울 '새끼 꼬기'는 손가락과 손바닥을 강하게 자극해 두뇌활동에 영향을 줬다. 조릿대 줄기로는 화살촉을 만들어 군수산업의 발달을 가져왔고, 세계 최강 선박기술을 갖게 해준 조릿대 잎으로 만든 돛단배는 걸작 중 걸작이다. 한겨울 놀이 중 백미는 토끼몰이와 올가미로 꿩이나 토끼를 잡는 것이다. 토끼몰이는 협업이 필요한 놀이다. 먼저 5~6명이 한 조가 돼 냄비나 북을 두드리면서 산 위에서 함성을 지르며 밑으로 토끼를 쫓아 내려간다. 토끼는 뒷발이 길기 때문에 올라가는 속도는 빠르지만, 반대로 내려가는 속도는 상대적으로 느리기 때문에 이를 이용한 것이다. 동물생리학에서 군사전략까지 자연스럽게 익힌 것이다. 밑에는 약 20~30명의 아이들이 덫이나 막대기를 들고 있어 넓고 촘촘하게 포위하고 있다가 내려오는 토끼를 덮쳐서 잡는 방법이다. 성공확률은 10% 미만이지만 함께하는 집단놀이라서 오랫동안 추억으로 남아 있다. 설령 토끼를 못 잡을지라도 친구들과 눈싸움하며 재미있게 즐겼다.

이미향 작가는 《당신이 스토리텔링이다》라는 책에서 '놀이란 즐거워서 자발적으로 하는 활동이며, 결코 일의 반대말이 아니다'라고 했다. 그러고 보니 지금껏 계절별 원예활동을 통한 모든 것을 '놀이'라고 했다. 요즘은 놀이 대신 '게임'이란 용어를 많이 쓰고 있다. 상당히 다른 느낌으로 다가온다. 놀이는 집단적이며, 창의적이고, 서로의 도움을 주고받으며 함께 즐기는 느낌으로 다가오지만, 게임은 대조군이 필요하며, 전투적이고 호전적이다. 어떻게든 상대를 제압해 승리해야 하는 것이 목적이다. 놀이는 자연과 더불어 욕심 없는 즐거움이라면, 게임은 기계적이며 '함께'와 '더불어'라는 의미와는 거리가 멀어 보인다.

우리도 다시 호모 루덴스적인 삶을 살아가는 것을 제안해본다. 학교 운동장의 폴리우레탄을 걷어내고 다시 건강한 흙으로 만들어줘야 한다. 학교 주변은 다양한 식물을 심고, 꽃밭 가꾸기 반, 텃밭 가꾸기 반, 애완동물 키우기 반 등 특별활동 시간을 늘려줘야 한다. 보여주기식 현장체험 학습에서 실제로 접하는 실과과목 원예·축산·기술을 초등교육에 실습과목으로 접목하면 더 효과적이다. 한편 중·고등학교 방학생활 중 농·어·산촌 체험생활을 의무화할 것을 제안한다. "살아 있는 자연은 인간을 직접 교육하는 힘이 있다"라고 역설한 아동교육 전문가 몬

테소리Montessori와 "아동들이 자연 속에서 놀 때는 대개 생각을 올바르게 하고, 주위 사람들과 가까이 있고 싶어 하며, 일을 할 때도 모든 것을 긍정적으로 보는 경향이 있다"라고 역설한 아동심리학자 무어Moore의 말에 귀 기울여야 한다. 유년기에 자연과 함께 마음껏 뛰어노는 과정을 통해 관계를 이해할 수 있고, 문제를 해결하는 능력이 자연스럽게 형성된다는 확실한 믿음은 지금도 변함없다.

꽃 잘 사주는 멋진 남자

요즘 드라마 제목은 서술형으로 길게 풀어내는 것이 트렌드인가 보다. 〈밥 잘 사주는 예쁜 누나〉, 〈손 꼭 잡고 지는 석양을 바라보자〉, 〈슬기로운 감빵생활〉 등 제목만 들어도 장르를 예측할 수 있고, 어느 정도 스토리 전개가 그려지며, 흥미를 끈다. 불과 몇 년 전 은유적이고, 함축적인 단어나 문장을 사용하던 때와 비교해

보면 많은 변화가 있다. 흥미로운 주제를 패러디한 응원문구나 광고카피, 그리고 오락 프로그램에 단골메뉴로 등장하는 것도 신선하면서 감정의 전달력이 뛰어나기 때문이다. 또 주제가 길다 보니 이를 축약해 부르기도 해 처음 듣는 사람은 신조어로 착각하기도 한다.

라디오 프로그램 〈별밤〉은 '별이 빛나는 밤에'를 줄인 말이고, 최유라, 문천식 님이 진행하는 〈지라시〉는 '지금은 라디오 시대', 강석, 김혜영의 〈싱벙쑈〉는 '싱글벙글 쇼', '이만갑' 역시 〈이제 만나러 갑니다〉의 준말로 마치 고유명사처럼 자연스럽게 쓰고 있다. 시청자 역시 재치 있게 알아듣고, 이해하며 공감한다. 예능도 예외는 아니다. 싱글 중년남녀의 합숙생활을 그린 〈불청〉은 '불타는 청춘'을 말하고 있어 이미 약어가 주제인 것처럼 착각할 정도다.

나와 가장 잘 어울리는 드라마 제목을 선택한다면 〈밥 잘 사주는 예쁜 누나〉를 '꽃 잘 사주는 멋진 남자'로 패러디하고 싶다. 왠지 가슴 따뜻하고, 여유로움이 잘 묻어나기 때문이다. 그래서 '꽃잘사남'으로 오랫동안 기억되고 싶다.

아직도 꽃을 선물하면 부담스럽게 생각하는 사람들이 있다. 몇 가지 이유가 있다. 받을 때는 기분 좋지만 며칠 지나지 않으면 시들 것이고, 시든 꽃을 치우려면 쓰레기봉투까지 소비해야 한다고 생각하면서 꽃을 일회성 소비물로 생각하기 때문이다. 또한 정성을 다해 예술적 감각을 발휘한 예쁜 포장꾸러미는 버리기도, 보관하기도 애매해 결국 짐이 된다. 또 다른 이유는 꽃값이 비싸다는 것이다. 즉 꽃을 선물하려면 기분 좋게 한 아름 안겨줘야 한다는 부담 때문에 같은 비용이면 실속 있는 다른 선물을 하려는 마음이 있기 때문이다. 이유를 알았으니 불편함과 거리감을 해소해서 '꽃잘사남' 운동이 대중적으로 확산되면 좋겠다.

꽃 선물 중 가장 큰 효과는 바로 '듀센미소'에 있다. 듀센미소란 인위적으로는 지을 수 없는 자연스러운 미소인 '천연 미소'를 뜻한다. 1800년대 프랑스 심리학자 듀센Duchenne이 관찰한 미소로 그는 웃는 아기 사진과 꽃을 사람들에게 보여주는 실험을 했다. 그 결과 웃는 아기 사진을 보며 미소를 지은 사람은 약 90%였고, 꽃을 본 사람은 모두 입가에 자연스러운 미소를 지었다. 이 연구결과에 따라 연구자인 듀센의 이름을 따서 만들어진 미소가 듀센미소다. 아름다운 것을 보면 기분이 좋아지는 인간의 본성에 의해 꽃을 보면 사람들은 자연스럽게 듀센미소를 짓게 되는 것이다. 한편 과일은 90%, 양초는 77%의 사람들만 듀센미소를 보였다. 연구진은 꽃에 대한 사람들의 반응은 거의 본능에 가깝기 때문에 그 이유를 확인할 수는 없었다. 하지만 확실한 점은 실험을 통해 꽃이 인간에게 주는 긍정적인 효과를 확인한 것이다.

웃음치료방법 중 억지웃음도 웃음의 효과를 가져다준다는 연구결과가 있는 것을 보면, 억지웃음이 아닌 'Non-MSG Smile'이야말로 기대 이상의 효과를 가져다줄 것임은 분명하다.

미소와 웃음은 얼굴 뺨 근육 운동이 일어나게 하며, 결과적으로 뇌파를 자극해 '알파파'를 발생시킨다. 뇌파는 크게 3가지가 있는데 깊은 숙면 중에 나타나는 '델타파', 안정적이거나 휴식을 취할 때 나타나는 '알파파', 스트레스를 받거나 흥분 중 나타나는 '베타파'로 구분한다. 그런데 꽃이나 식물을 보면 '알파파'가 발생한다. 이는 심신을 가장 최적의 모드로 맞춰주기 때문에 집중력과 기억력을 향상시키고, 기분 좋은 상태를 유지함으로써 대인관계와 비즈니스에서도 놀라운 성과를 거둘 수 있다. 그래서 꽃 선물은 주는 사람과 받는 사람 모두를 만족시켜주는 마법의 처방전인 것이다.

꽃과 식물이 주는 놀라운 효과를 알아봤으니 구체적인 실천방법을 제안해본다. 먼저 가벼워야 한다. 아침 출근길에 모닝커피를, 퇴근길에는 바게트를 가볍게 들고 가는 모습을 상상해보자. 즉 이동하기 쉽고 간소한 것은 물론이며, 가격도 테이크아웃 커피 한 잔 정도로 가벼운 일상을 만드는 것이다. 판매자도 묶음을 줄이고, 포장 역시 신문지 1장 정도로 단정하게 포장해 비용과 시간을 줄여 판매가를 현실화하는 것이다. 꽃을 사는 구매자 역시 출퇴근길에 꽃이 마음에 들면 가볍게 테이크아웃 하는 문화를 만들자. 구입한 꽃들은 작은 꽃병에 꽂아 책상에 올려놓고, 근무 시작 전 가장 편안한 마음으로 호흡을 가다듬고, 약 1분간 꽃의 아름다움과 교감하자. 출근길에 꽃을 사오는 직원에게 런치 커피 면제 특혜를 준다면 변화는 훨씬 빠르게 확산될 것이다.

싱싱한 꽃향기에 둘러싸인 훈훈한 사무실을 상상해보면 직장 내 분위기는 365일 축제의 장이 될 것이며, 직무능력의 향상 역시 1.5배 이상 올라갈 것이다. '과연 그럴까?' 하는 기업 관리자나 리더가 있다면 꼭 실험해보길 권한다. 여기저기 듀센미소를 발사해 힘들고 어려운 일도 자발성을 가지고 솔선수범하는 사무실, 금요일이 다가올수록 아쉬워하고 월요일 출근만을 기다리는 직원들의 모습을 보게 될 것이다.

퇴근길에는 예쁜 초화草花 화분 하나씩을 들고 퇴근하자. 그 꽃은 지친 피로를 풀어주고, 가족 간의 대화도 자연스럽게 이어주는 훌륭한 매개체 역할을 할 것이다. 식물도 우리의 생활과 함께하는 반려식물, 애완식물이자 삶의 파트너로 참여시키자.

　'꽃잘사남' 문화가 정착돼 우리 사회에 어떤 긍정 효과로 보일지 상황별로 기분 좋은 상상과 예측을 해본다. 지하철에서 어르신이 공부에 지친 학생을 보면 먼저 자리를 양보해준다. 지각 출근을 면하기 위해 뛰어오는 나를 위해 닫히는 엘리베이터 문을 열어주며 웃음으로 맞이하는 부장님, 실수로 시험을 망친 아들에게 치킨 배달을 시켜주며 위로하는 엄마, '맨날 술이야'를 즐겨 부르는 남편에게 속풀이 해장국을 끓여주며 건강 챙기는 아내, "아이 키우기 힘들지? 오늘은 내가 아이 봐줄 테니 친구들과 영화 보고 오렴" 하며 티켓 예매해주시는 시어머니, 세상에서 가장 존경하는 사람은 '우리 아빠'라고 응원해주는 막내아들, 갑자기 밝아진 이 분위기를 여기서 끊고 싶지 않고 쭉 이어가고 싶다.

　밤을 밝혀주는 것이 가로등과 달빛이라면, 마음을 밝혀주는 것은 예쁜 꽃 한 송이가 아닐까? 우리 모두 "대한민국에서 가장 꽃 잘 사주는 멋진 사람은 바로 나야. 나"라고 외치면서 기분 좋은 발걸음을 옮겨보자.

"영미~" 하면 "장미~" 하세요

2018년 겨울은 평창 동계올림픽으로 행복했으며 그 어느 겨울보다 가슴 뭉클한 시즌을 보냈다. "평창 올림픽은 절대 성공할 수 없을 거라는 비관적인 사람들이 있었다"라는 바흐Bach 위원장의 말처럼 평창 올림픽은 우려와 걱정 속에 출발했다. 그도 그럴 것이 전직 대통령의 탄핵에 이은 검찰소환과 비리조사, 북한 핵무기 실험, 포항지진 등 국내외적으로 어수선한 분위기의 연속이었기 때문이다.

그런데 막상 뚜껑을 열고 보니 역대 동계올림픽 사상 최다인 92개국 2,920명의 선수가 참가한 평창 올림픽은 쏟아지는 올림픽 신기록과 선수들의 열정이 전 세계 시청자들의 눈을 사로잡으면서 성공적인 대회 운영과 흥행, 두 마리 토끼를 모두 잡았다는 평가를 받았다. 숱한 우려가 있었음에도 걱정을 딛고 기대 이상의 흥행을 보여준 이번 올림픽에서 오랫동안 기억될 감동의 이야기라면 단연 남북한이 코리아 단일팀을 만들어 한반도기를 들고 동시 입장한 것과 여자 아이스하키가 단일팀으로 경기에 임했던 것이다. 이는 올림픽의 평화정신에 기여한 점이 크다고 본다.

기대했던 효자 종목 쇼트트랙과 스피드 스케이팅에서 괄목할 만한 성과를 내기도 했지만, 메달과는 다소 인연이 멀었던 설상경기에서도 좋은 결과를 보여줘 하계, 동계 모두 스포츠 강국임을 다시 한 번 증명하는 자랑스러운 올림픽이었다. 금메달을 딴 선수는 영웅이 돼 모든 언론의 집중 취재 우선순위였고, 또 영광의 순간을 얻기까지 쏟은 땀과 눈물의 스토리는 모두에게 감동을 주기에 충분했다.

이번 경기 중 아쉽게 금메달은 놓쳤지만 모든 국민의 입에서 입으로 불렸던 이름이 있었다. 바로 여자 컬링 대표팀 안경 언니로 출전한 김은정 선수의 외침인 "영미~!"다. "영미~!"를 외치는 김은정 선수의 독특한 투구 표정과 선수들의 일사불란한 화합과 열정이 무엇보다 돋보여서 마음 모아 응원했다. '영미~!'를 패러디한 각종 영상과 광고들이 줄을 이었으며, 컬링이란 종목의 규칙조차 몰랐던 사람들도 장소를 가리지 않고 컬링 경기를 흉내내는 상황이 전개되기까지 했으니 그 인기가 얼마나 컸는지 가히 짐작된다. 더욱이 '영미~!'라는 외침 한마디는 우리 국내뿐만 아니라 전 세계적으로 퍼져 나갔다.

이제는 사진 찍을 때 김치, 스마일, 위스키에서 "영미~로 해주세요"라고 한다. 덕분에 세련되지 못한 이름이라고 생각해 이름을 소개할 때 불리길 망설였거나 개명을 신중하게 검토하던 수많은 '영미' 님들이 국민 이름으로 등극했으니, 세상의 변화는 예측할 수 없다.

이름은 시대별로 확연하게 차이를 보여서 이름 하나만 들어도 대충 나이를 가늠할 수 있다. 다행히도 내 이름은 1960~1970년대 유명한 영화감독 신상옥 님 덕분에 한번 들으면 오랫동안 기억돼 좋다. 최근에는 신 감독님의 부인인 영화배우 최은희 님의 타계로 인해 내 이름이 포털 검색어 순위에 올랐던 적도 있었다.

이왕 이름이 나왔으니 수업 전 아재 개그 퀴즈로 몸을 풀어본다. 우리나라에서 가장 많은 성씨는? '김 씨, 이 씨, 박 씨, 최 씨' 등 모두가 정답을 힘차게 외친다. 그렇다면 가장 많이 불리는 씨는? 퀴즈에 센스 있는 분은 "아저씨입니다"라고 확신에 찬 목소리로 답해 웃음을 준다. 그때 정답은 "택시"라고 외치면 다들 박장대소하며 강의실은 밝아지고 활기가 넘쳐흐른다. 확실히 강연이 수월하고, 청중과의 호흡도 잘 맞는다.

이어서 "여러분들이 좋아하는 꽃 또는 받고 싶은 꽃이 있나요?"라는 질문을 하면 세대별, 성별 불문 단연 '장미'가 부동의 인기를 누린다. 장미의 짝꿍 안개꽃도 항상 동반돼 인기를 누린다. 그렇다면 장미는 왜 많은 사람들의 사랑을 독차지할까? 장미 꽃말, 장미 향, 장미의 전설 때문일까? 이런저런 많은 생각을 해보지만 장미의 꽃말과 붉은 꽃색깔 때문이 아닐까 생각한다.

장미의 꽃말은 꽃색깔에 따라 의미가 다양하다. 주로 '애정, 사랑의 사자, 행복한 사랑' 등, 사랑의 메시지를 담고 있어 동서양을 막론하고 결혼식용 부케나 여성에게 주는 최고의 선물로 사랑받고 있다.

많은 사람의 사랑을 독차지한 장미는 꽃 중의 꽃이 되기까지 얼마나 많은 인고의 과정을 겪어왔는지, 아는 사람은 그리 많지 않을 것 같다. 원래 장미라는 식물은 가시가 있는 낙엽관목인 찔레나무, 붉은인가목, 해당화 등 장미속 식물의 꽃을 개량해서 아름다운 모양, 꽃과 색 그리고 매혹적인 향으로 재탄생됐다. 너무 개량을 많이 하다 보니 본래 모습은 오간 데 없고 사람들의 기호에 맞게 성형됐다. 곤충을 유혹해 꽃가루받이로 쓰였던 장미는 세계 여성들이 선호하는 향수의 원료가 됐다. 장미향수를 만들기 위해서는 장미꽃을 증류해 추출한 장미기름을 희석하는데, 2,000개의 꽃에서 1g의 장미기름을 얻을 수 있다니 정말 귀한 기름이다.

이렇게 사랑스러운 장미꽃을 개인과 나라를 위해 그리고 온 국민들에게 희망과 감동을 전해준 올림픽 선수단에게 한 아름 안겨주고 싶다. 그리고 활짝 웃으며 기쁨을 남기고 나눌 것이다. 환희의 순간을 영원히 기록하고 싶을 때 "영미~ 하면 장미~ 하세요" 찰칵.

장미의 꽃말

빨간 장미 : 욕망, 열정, 기쁨, 아름다움, 절정.
하얀 장미 : 존경, 빛의 꽃, 순결, 순진, 매력.
분홍 장미 : 맹세, 단순, 행복한 사랑.
노란 장미 : 질투, 완벽한 성취, 사랑의 감소.
파란 장미 : 얻을 수 없는 것, 불가능한 것.
빨간 장미 봉오리 : 순수한 사랑, 사랑의 고백.
하얀 장미 봉오리 : 나는 당신에게 어울리는 사람입니다.
들장미 : 고독, 소박한 아름다움.
결혼식 장미 : 행복한 사람.

눈물을 부르는 꽃, 카네이션

　5월은 계절의 여왕이라 부른다. 활동하기 좋은 것은 물론이고, 여기저기 향긋한 꽃 내음이 가득한 꽃들의 잔치이며, 가벼운 마음 안고 훌쩍 떠나버리고 싶은 소풍의 계절이기도 하다. 어찌 보면 이 짧은 한 달이 지나면 앞으로 다가올 후끈한 계절의 맛을 제대로 맛보기 때문에 골든타임임에는 분명하다. 5월은 근로자의 날을 시작으로 어린이날, 어버이날, 스승의 날, 성년의 날,

부부의 날 등 연중행사 절반 이상을 기념하고, 축하하는 달이다. 5월을 감사의 달, 사랑의 달, 가정의 달이라고 부르는 것이 전혀 이상하게 들리지 않는다. 경제적인 지출과 소비가 가장 많은 달 역시 5월이기에 혹자는 '적자의 달'이란 웃픈 이야기를 한다.

5월을 가장 분주하게 보내는 사람은 백화점을 비롯한 쇼핑업체와 화훼업에 종사하는 분들이다. 화원의 꽃 매출이 가장 높은 달은 5월이며, 그중에서도 어버이날이 단연 최고의 매출을 기록한다. 촌지 수수 금지 전에는 스승의 날 역시 꽃 매출이 활발했으나 이제는 아예 기대도 하지 않는다. '사랑과 감사의 마음을 담은 꽃'의 의미를 퇴색한 풍조가 안타깝기만 하다. 꽃 선물까지도 법의 제약에서 자유롭지 못하니 말이다.

하지만 하늘보다 높고, 바다보다 깊은 어버이 은혜를 생각하면 틀에 박힌 선물로는 뭔가 부족한 느낌이 든다. 카네이션 꽃이 함께해야 어버이날에 대한 감사의 마음이 완성되는 기분이다. 붉은 카네이션 꽃은 어머니, 아버지의 마음을 사로잡기 충분한 매력을 가진 꽃이기 때문이다.

요즘엔 카네이션 꽃절화바구니 대신 시들지 않고 오래 볼 수 있는 분화를 많이 찾는 실속파도 늘었다. 하지만 어버이날은 누가 뭐래도 붉은 카네이션 꽃을 가슴에 달아드리고, 작지만 생동감 있는 카네이션 바구니와 감사의 편지를 덧붙이면 주는 자녀도, 받는 부모님도 모두 만족하는 것은 변함없다. 화원업계도 날로 변화해 '플라워 머니박스'를 만들어 한쪽에는 지폐를 돌돌 말아 넣고, 다른 쪽은 꽃으로 장식해 합리적인 소비자의 마음을 사로잡는 신상품 개발에 긍정 박수를 쳐주고 싶다.

　원예치료사 역시 원예치료 프로그램을 구성하고 진행하는데, 5월은 카네이션 바구니나 카네이션 분화를 이용한 프로그램을 우선해 진행하고 있다. 이는 계절의 감각을 익히는 것은 물론이며, 시즌에 맞춘 감성 교육으로 대상자의 공감대를 형성하는 데 최고의 매개체이기 때문이다. 카네이션 꽃바구니 프로그램을 진행하다 보면 공통적인 모습을 볼 수 있는데, 그것은 '눈물'이다. 저마다 아픈 사연, 보고 싶고 그리운 부모님, 이제는 철들어 효도하고 싶은데 곁에 계시지 않는 부모님을 생각하며 편지를 읽는다. 남몰래 훔치듯 닦은 눈물은 곧바로 옆에서 옆으로 급속도로 전염돼, 결국 강사에게까지 영향을 미쳐 눈물 도미노 게임을 연출하는 진풍경을 만들기도 한다.

　수많은 눈물의 사연 중 아직도 기억에 남는 50대 중반 남성의 얼굴이 떠오른다. 자활센터 초청 강연으로 원예치료 프로그램을 진행했는데, 5월 첫 주는 '사랑하는 나의 어머니, 아버지'라는 주제로 프로그램을 시작했다. 주제에 맞게 재료 역시 카네이션으로 준비했다. 강의 시작 전부터 꽃을 본 순간, 사람들의 반응은 두 가지로 상반됐다. 어떤 분들은 "와, 예쁘게 만들어서 우리 엄마 드려야지", "정말 잘됐다. 이렇게 만든 거 우리가 가져가는 거죠?"라고 매우 긍정적인 반응을 보였다. 반면 어떤 분들은 생각하기도 귀찮다는 듯 "그 꽃 보니 또 어버이날이네요", "아이참, 이런 날 좀 없으면 안 될까요? 먹고살기 팍팍한 우리 같은 사람은 진짜 부담스럽고 싫더라" 하는 부정적인 반응을 보였다. 하지만 대부분은 긍정 반응을 보여준다.

　프로그램의 진행순서에 따라 꽃을 꽂기 전, 누구에게 어떤 마음과 글로 전할지를 생각하며 꽃꽂이 과정에 들어갔다. 처음 접해본 꽃꽂이라 어디서부터 얼마나 잘라야 할지 몰라 망설이는 분도 있지만, 자신과 의욕에 넘쳐 빨리 완성하는 분도 있었다. 또한 꽃꽂이 기본지식은 무시한 채 빨리 완성하고 담배 한 대 피고 싶은 욕망이 앞선 분도 몇 분 계셨다.

　그중에서도 내 시선은 한쪽 모퉁이에 자리 잡은 김ㅇㅇ라는 남자분에게 머물렀다. 그분은 한 송이 한 송이 꽃을 꽂을 때마다 정성을 다하는 모습을 보였고, 무엇보다도 양미간을 찌푸렸다가 한숨을 내쉬길 반복했다. 부모님께 드리는 메시지를 적고, 다 같이 발표하며 경청하는 시간을 갖게 됐다. 한 사람 한 사람 발표할 때마다 중년의 건장한 남성의 눈가에 송골송골 눈물이 맺히기 시작했고, 누가 볼까 몰래 훔치는 모습도 보였다.

　드디어 김ㅇㅇ 님의 차례가 돌아왔다. 궁금했다. 무슨 메시지로 감사의 마음을 표현했을까? 그분은 한참 동안 읽지 않았다. 아니 읽지 못했다. 그리고 나에게만 살며시 보여줬다 '걸자乞子'라고 쓰여 있었다. 그리고 그는 말없이 눈물을 흘렸다. 더 이상 물어볼 상황이 안 됐고, 물어볼 필요도 없었다. 모두가 같은 마음이었다. 부모님께 당당히 잘사는 모습을 보여주지 못해 죄송하고, 젊은 날 속 썩여 죄송하며, 효도한 번 제대로 못해 죄송한 우리는 모두 부모님 앞에 부족하고, 못난 자식이라 더욱 그랬다.

왜 어버이날에는 카네이션일까? 카네이션이 담고 있는 의미는 무엇일까? 곰곰이 생각해봤다. 물론 꽃말에 다 나와 있다. '자비, 모정, 사랑' 등의 꽃말을 가지고 있으니 이것으로도 충분히 공감을 사겠지만, 나는 다른 관점에서 카네이션을 보게 되니 더욱 귀하고 감사한 꽃으로 보였다.

카네이션은 꽃의 형태가 잎 끝이 작은 톱니처럼 보이는 것이 특징이다. 원래 꽃잎은 날카로운 톱니 깊이가 훨씬 깊었을 것이라고 추측된다. 하지만 자녀를 키우면서 애타고 가슴 쓰린 날들을 지내며 이내 닳고 닳아 작은 톱니가 되지 않았나 상상해보니 부모님께 불효했던 일들이 더욱더 가슴으로 다가온다.

또 하나의 대표적인 특징은 대개 통꽃들은 시들면서 잎이 땅에 떨어지거나 흩날려 없어진다. 하지만 카네이션의 시들어가는 모습을 자세히 관찰하면 떨어지지 않고 안으로 말려 들어간다. 이 모습은 마치 마지막 죽는 날까지 자식을 걱정하고 지키려는 모성애를 보여준다. 떨어지지 않고 안으로 말려들어가 자식을 품어주는 헌신적인 모습으로 연상되기 때문이다. 그래서 어버이날은 카네이션이다. 우리 어머니, 아버지의 끝없는 사랑에 대한 감사의 마음을 아주 조금이나마 헤아릴 수 있기 때문이다. 상징적인 감사의 마음을 적극적으로 표현할 수 있는 최고의 선물인 것이다.

따뜻하고 헌신적인 보살핌으로 나를 여기까지 있게 해준 작고하신 부모님이 생각난다. 감사의 마음을 꽃으로 전하고 싶었지만, 그때는 카네이션도 없었다. 장미도 없었다. 대신 하얀 메밀꽃, 노란 유채꽃 및 송이를 꺾어 부엌 찬장에 있는 종지기에 꽂아 마음을 전했다. 피곤한 몸으로 저녁준비를 하던 엄마가 종지기의 꽃들을 보며 환하게 미소 짓던 모습이 그리워진다.

5월에는
하얀 꽃들이 핀다

　매화꽃을 시작으로 4월에 피었던 벚꽃, 복사꽃, 살구꽃, 배꽃이 모두 지는 모습에 이제 꽃 잔치는 끝나는 줄 알았는데, 나만의 착각이었다. 3월, 4월에 피는 꽃들이 오색 향연의 잔치였다면, 5월은 순백의 하얀 꽃 잔치로 천지를 물들인다. 이전에 느끼지 못했던 흰 꽃 가득한 들이 이제는 가슴으로 다가와 마음으로 느껴진 것은 농업을 생업으로 평생 함께 살아온 우리 조상들의 가슴 아픈 사연을 간직하고 있다는 것을 알고 난 후다.

　지난가을에 수확한 곡식을 겨울 동안 저장해 아끼고 아껴 한겨울을 굶지 않고 잘 버텨왔지만, 수확한 지 6개월이 지난 5월쯤 되면 곳간도 바닥이 나고 긁고 긁어도 나올 것 없는 그야말로 춘궁기를 맞게 된다. 얼마나 먹을 것이 없으면 초근목피로 연명했다고 할까? 나 역시 식욕이 왕성해진 성장기 때 초근목피를 간접경험한 기억이 있다. 먹을 것이 없었기 때문이라기보다 변변한 간식거리가 없었기에 궁금한 입을 달래줄 것들을 찾아다녔다.

산과 들에 피어나기 시작한 새순은 코흘리개 아이들을 유혹하는 맛있는 간식거리로 충분히 만족시켜줬다. 특히 달달한 목화 꽃망울, 찔레 새순, 꿀점이 있는 꿀풀, 우리 지역에서는 '삐비'라 불렸던 띠꽃의 달달함은 어떤 간식과도 비교할 수 없는 자연의 맛이었다. 순을 뽑을 때 '삐~' 하고 소리를 내서 '삐비'라고 불렸던 것일까? 솜사탕처럼 새하얀 삐비는 먹을 것이 귀한 그 시절, 허전한 입안을 달착지근하게 채워줬다. 그런데 그 맛난 삐비를 요즘은 찾기 힘들다. 아니 주변에 먹을 것이 넘쳐나기 때문에 보이지 않는다는 말이 맞겠다.

산과 들을 온통 하얗게 덮는 꽃들이 왜 5월에 피는지 이제는 의문의 퍼즐이 하나씩 맞아 들어간다. 곳간이 바닥나 허기로 연명해야 했던 우리 조상들은 지천에 핀 하얀 꽃들을 보며, 가을에 만날 흰쌀밥을 상상하며 참고 견뎠을 것이다. 하얀 꽃들은 페이스메이커Pacemaker 역할을 충분히 해줬다.

또 다른 이유는 이제 다가올 본격적인 더위에 대비해 반사색인 흰색 옷을 미리 준비하라는 자연의 소리 없는 사인이다. 우리의 감정과 마음이 때 묻어 오염되면, 감사·사랑·은혜의 마음을 느끼지 못할 뿐 아니라 표현도 못하기 때문이다. 오직 순수한 영혼만 이 계절을 사랑하고, 감사의 노래를 표현할 수 있다. 그래서 5월의 꽃은 하얗다.

우리도 5월만큼은 오염된 감정의 색소를 탈색하고, 아무것도 첨가되지 않는 하얀 마음에서 시작한다면 남은 한 해도 새롭게 채워질 행복의 그림을 마음껏 상상할 수 있을 것이다.

    페이스메이커로 함께 뛰어준 5월에 만난 하얀 꽃들을 하나씩 읊조려 본다. 아카시아, 때죽나무, 찔레꽃, 피라칸사스, 불두화, 산딸나무, 조팝나무, 귀룽나무, 이팝나무, 탱자꽃, 등나무. 아이코, 완두콩 너마저 흰색이구나.

아름다운 아가씨 닮은 아카시아   찔레꽃 그 향기

새하얀 솜사탕, 이팝나무   층층 자란 산딸나무

부처님 머리 닮은 불두화

청초한 자태, 때죽나무

앞길을 밝혀주는 등나무

가시 위에 곡예사, 탱자꽃

사람을
살리는
식물

제 2 장

내 안에 깊숙이 간직한
보물 3가지를 발견했다면
성공한 3할 인생이다.
숨겨진 보물은 '꽃과 식물' 안에 있다.

생명의 전화에
꽃을 심어주세요

　미국 샌프란시스코의 금문교, 영국 브리스틀의 클립톤 현수교, 미국 시애틀의 오로라교, 그리고 서울 마포대교 등, 이 다리들의 공통점은 세계에서 투신자살을 많이 하기로 유명한 장소라는 것이다. 물론 밑에는 강이나 협곡이 있어서 보기에도 아찔한 곳이다. 이유야 어찌 됐든 한 생명이 싸늘한 주검으로 변하는 것을 지켜보는 것만큼 가슴 아픈 일은 없을 것이다.

　대부분의 사람은 많은 이들의 축복 속에 태어난다. 성장과정에서 꿈도 꾸고, 사람과의 관계 형성 속에서 인생을 배우며, 실패와 좌절도 겪는다. 일반적으로 많은 사람들이 오뚝이처럼 언제 그랬냐는 듯 훌훌 털고 다시 시작한다. 하지만 삶은 늘 녹록지 않다. 허무, 좌절, 출구 없는 미로 같은 통로에 갇혀 있다는 생각에 사로잡히면 극단적인 선택을 해 세상을 등지기도 한다.

한 번 태어난 인생, 누구나 죽는다는 진리를 알고 있지만, 그 짧은 인생에서 삶의 무게에 견디지 못해 무너져버린 심리적 바리게이트는 돌이킬 수 없는 선택을 하게 한다. 그러나 이런 방법이 미숙하며, 잘못된 방법이라는 것을 인식하는 것조차 너무 멀리 날아가버린 연처럼 되돌리기엔 힘에 겨운 일이다. 삶은 오늘과 내일, 그리고 앞으로 펼쳐질 예상치 못한 변화의 연속이므로, 오늘을 잘 이겨내면 또 다른 모양을 갖추고 다가올 내일은 새로운 희망의 레드카펫이 펼쳐져 있을 수도 있다. 비록 한 치 앞을 내다볼 수 없는 안갯속 인생이지만, 앞으로 펼쳐질 찬란한 무지개를 기대하면서 실패에 집착하지 말고, 물결처럼 잘 넘어간다면 매일이 감사의 하루가 될 것이다.

'자살, 그것도 투신자살을 하기로 결심한 사람들은 어떤 마음을 갖고 있을까?' 여러 생각을 해본다. 한 방에 확실하게 끝낼 수 있기 때문이라면 다른 방법도 많을 것이다. 위에 열거한 다리들은 대체로 풍광이 매우 뛰어나다. 죽음이 좀 더 아름답게 포장되기를 바라는 심리가 기저에 녹아 있을 것이라는 추측도 해본다. 또한 추억이 묻어나는 곳, 평소에 즐겨 찾던 곳일 수도 있겠다.

서울 한강 마포대교가 투신자살 1위로 떠올라 '자살대교'라는 오명을 얻은 것은 매체를 통해 이미 알고 있다. 이에 서울시와 삼성생명은 마포대교에서의 투신을 막기 위해 2012년 9월에 마포대교를 '생명의 다리'로 새롭게 조성했다. 정다운 문구들과 사진 및 에피소드, 이를 환하게 밝혀주는 조명을 다리 난가에 함께 설치해 '칸 국제광고제' 등 세계 광고제에서 39개에 이르는 상을 받으며, 주목을 받아 또 한 번의 냉성을 얻게 됐다. 하지만 오히려 투신자살이 줄어들지 않고, 늘어나는 기현상을 보이고 있다. 또 다른 돌파구로 투신방지 펜스를 설치했는데 오히려 구조 시 장애가 된다고 한다.

예로부터 가난은 나라님도 어찌 못한다는데 투신자살도 그럴까? 그냥 손 놓고 있기에는 빚진 자의 마음이다. 자살도 개인의 의사를 존중한다며 방관하는 것은 사회적인 전염병을 예방하지 않고 방치하는 것이다. 자살을 존중이라는 이름으로 포장해 타인을 죽음에 이르게 하는 방관죄를 범한다고 생각한다. 어떻게든 방지 및 예방에 최선의 노력을 다하는 것이 살아 있는 우리의 임무다.

마포대교 난간에 쓰여 있는 아름답고 따뜻한 글들을 모아봤다. 하나같이 훈훈하며 인정 넘치는 우리 삶의 평범한 응원문구다.

"밥은 먹었어?", "잘 지내지?", "별일 없었어?", "오늘 하루 어땠어?", "커피 한잔 어때?", "아, 바깥바람 쐬니까 좋지?", "우리 이제 산책이나 할까?"

"3년 전 걱정한 거 기억나? 1년 전 걱정은? 6개월 그 걱정은? 지금 그 걱정도, 곧 그렇게 될 거야."

"이렇게 걷다 보면 출출하지 않아요?", "제일 좋아하는 음식이 뭐예요?", "맛있는 거 먹으러 갈까요?"

"비밀 있어요? 아무한테도 말 못하고, 혼자서 꾹꾹 담아온 이야기, 가슴 아파서 또는 창피해서 누구한테도 하지 못한 이야기, 시원하게 한 번 이야기해봐요."

"그럴 때 있잖아요. 모르는 사람, 지나가는 사람, 아무나 붙잡고, 막 하소연하고 싶을 때, 지금 한번 해봐요. 당신의 이야기를 잘 들어줄 거예요."

대교 난간에 쓰인 글귀가 끝나는 곳에는 "당신의 이야기를 들어 드리겠습니다"라는 문구와 함께 생명의 전화가 설치돼 있다. 이 전화로 365일, 24시간 대기하고 있는 생명의 전화로 바로 연결해 전화 상담을 받을 수 있다. 참 고마운 분들의 손길이 느껴진다. 이처럼 인간미 넘치고, 마치 곁에서 응원하고 이해하며 들어줄 것 같은 따뜻한 글과 대화들이 있는데도 투신이 줄어들지 않고 있다니 안타까운 마음뿐이다.

대학 신입생 때 우연히 천호대교를 걸어오면서 난간을 잡고 한강을 바라본 기억이 떠올랐다. 걷기만 해도 강한 바람과 질주하는 차들 때문에 금속성의 차가운 물질이 떨리는 느낌을 받는 순간, 오싹한 공포를 경험하기도 했다. 잠시 강물을 보고 있으니 멀리서 보이는 평온한 모습은 결코 아니었다. 영화 〈괴물〉에서 본 것처럼 강물은 꿈틀거리며, 서늘했고, 탁한 물결에 잘못 감기면 영원히 빠져나오지 못해 지옥까지 실려가버릴 것 같아 오히려 공포스러웠다.

마음의 꽃을 피워주는 원예치료사로서 '투신자살을 예방하는 방법은 없을까?' 많은 고민을 하게 됐고, 결국 식물을 통해 답을 구할 수 있었다. 바로 꽃길을 만들고, 꽃을 심는 것이다. 꽃을 밟고 넘을 자는 없을 것이나, 꽃을 짓밟기 위해서는 자살보다 수십 배의 용기가 필요하다. 이런 심리를 이용한 실천방법은 다리 난간에 밤 나팔꽃, 야래향, 딜

맞이꽃 등 밤에 피는 꽃이나 밤에 향을 내는 꽃을 심는 것이다. 이 꽃들은 기분 좋은 향까지 있어 마음을 위로해준다. 은은한 꽃향기를 맡는 순간, 강물은 두려운 공포로 다가올 것이다. 심리적 안정을 되찾으면서 발길은 생명의 불빛이 있는 곳으로 향하게 될 것이다. 꽃이 생명구조 작전에서 빛나는 활약을 펼칠 것이다. 더불어 '산에는 나무를, 한강다리 난간에는 꽃밭을 만들자'라는 운동을 서울시와 정부에 제안한다. 자살율 1위의 오명에서 벗어날 수 있는 최고의 선택이 될 것이다.

역세권과 숲세권, 당신의 선택은?

　부동산 전문가는 아니더라도 투자 선정 지역을 정할 때 기준이 되는 1순위는 역세권임은 누구나 알고 있는 상식이다. 역세권이란 편리한 교통은 기본이며, 유동인구 또한 풍부해서 어떤 사업이나 장사를 하더라도 쉽게 손해 볼 지역이 아니기 때문이다. 똑같은 갈비탕도 역 주변과 좀 떨어진 뒷골목과의 가격 차이는 1.5배 이상 난다. 당연히 높은 임대료를 고려해 책정된 가격일 것이다. 이처럼 역세권 주변은 상가를 비롯해 아파트 역시 다른 지역보다 가격이 높게 형성되는 것을 보면, 아직도 많은 사람들이 편리함에 투자 가치를 높게 부여하는 것을 알 수 있다.

　그런데 언제부터인가 나의 생각은 조금씩 바뀌었다. 역세권과 조금 벌어져 도보 이동이 가능한 곳에 더 관심을 두게 됐다. 늘 강의하며 쫓기듯 다니는 생활을 하다 보니 정작 피트니스 센터나 실내 골프연습장에서 몸을 움직인 지 너무 오래됐다. 이러다 건강을 해치지 않을까 걱정돼 틈틈이 학교 운동장을 돌거나 뒷동네 산책 등 1시간 내의 운동으로 저렴하게 건강을 위해 투자했다. 하지만 일부러 운동장을 걷거나 뛰는 것은 바쁜 시간을 내야 하고, 또 운동화와 운동복으로 갈아입어야 하는 번거로움 때문에 포기한 적도 몇 번 있었다.

역과 조금 멀리 떨어진 생활권을 최상의 운동 코스로 마음을 고쳐먹은 후부터 많은 것들이 달라졌다. 모든 게 생각하기 나름 아니던가? 지하철역까지 걸어가는 길을 400m 트랙 2바퀴를 돈다는 마음으로 걸어야지 하고, 올바른 보행 자세로 실천해봤다. 결과는 놀라웠다. 기분이 상쾌하고, 땀도 약간 났으며 옆구리 살과 뱃살이 없어지면서 몸이 훨씬 가벼워짐을 느낄 수 있었다. 계단을 오르내릴 때도 바른 자세로 운동하는 마음을 갖고, 한 계단씩 오를 때마다 소모되는 칼로리에 희열을 느꼈다.

생활운동은 마음을 어떻게 먹고 시작하느냐가 우선인 것을 알았다. 효과를 경험한 이후부터는 시간적 여유가 있을 때 버스 1~2개 정거장을 걷는 것이 습관이 됐다. 그래서 지금은 조금 더 걷더라도 역세권보다 역에서 좀 떨어져 있지만, 주변의 푸르른 경관과 상쾌한 공기가 가득한 숲이 있는 동네에 사는 사람들이 부럽기까지 하다.

최근에는 계절과 무관하게 불어닥치는 미세먼지로 많은 사람이 고통받고 있다. 이런 미세먼지와의 싸움에서 해방될 수 있는 숲 있는 마을은 사람들의 관심과 이목을 집중시킨다. '과연 숲속의 나무들이 미세먼지 등 공기의 질 향상에 얼마나 영향을 미칠까?'라고 생각하지만, 산림청에서 연구 발표한 도시숲 효과는 다음과 같다.

 도시숲 효과(자료 : 산림청)

 미세먼지 저감 : 나무 1그루 연간 미세먼지 35.7g 흡수.

 기후완화 : 여름 한낮 평균 기온 3~7도 완화.

 소음저감 : 도로에 침엽수 조성 시 자동차 소음 75% 감소.

 대기정화 : 나무 한 그루 연간 이산화탄소 2.5톤 흡수.

　　국립산림과학원의 조사에 따르면 1헥타르㏊의 숲은 연간 168kg경유차 한 대의 연간 미세먼지 발생량의 대기오염 물질을 흡수하며, 도시숲이 잘 조성된 도심 속의 미세먼지 농도는 그렇지 않은 도심에 비해 평균 25.6%, 초미세먼지 농도는 40.9%가량 낮은 것으로 나타났다. 이 정도면 숲이 사람을 살리는 '천연 허파'이며, '미세 먼지 먹는 하마'로 불려도 손색없을

것이다. 숲세권이란 호칭을 충분히 들을 만하겠다.

많은 사람들이 숲세권의 효용 가치를 뒤늦게 알고 너도나도 숲으로 움직인다면, 숲 역시 몸살을 앓을 것은 불 보듯 뻔하다. 그래서 지금 사는 집에서 기르는 식물의 개체 수를 늘리는 것도 한 방법이다. 간단한 우리 집 숲 만들기 실천방법은 가족들 생일날 '화분으로 선물하기'다. 4인 가족인 경우 1년에 4개분, 10년이면 40개분이나 된다. 10년만 되면 우리 집이 숲이 될 것이다. 일부러 숲세권을 찾아 멀리 가지 않더라도 시민 모두 하나가 돼 실천한다면 충분히 가능한 일이다. 천연 공기청정기인 식물은 녹색생활Green-life의 청량한 만족감을 가져다줄 것이다.

만물의 영장이 인간이라면

　지구상에서 100m를 가장 빠르게 달리는 사람은 자메이카의 세계적인 육상 스타 우사인 볼트Usain Bolt다. 그의 기록은 9.58초로 세계신기록이다. 사람들은 세계육상선수권대회나 올림픽에서 100m 달리기 신기록을 관심 있게 지켜보며, 0.01초라도 경신되면 환호하고 감동의 흥분을 감추지 못한다. 고작 0.01초에 그런 모습을 보고 있노라면 마치 지구상에서 가장 빠른 동물이 사람인 것 같은 착각도 든다. 하지만 우사인 볼트의 놀라운 기록이 시속 40km에 불과하다는 사실을 알게 되면 실망하게 될 것이며, 순간속도가 최고 120km인 치타의 입장에서 보면 가소로운 웃음을 던질 수도 있을 것이다.
　수영 실력은 어떠한가? 인간을 포함해 동물들을 깊은 강가에 동시에 빠뜨렸을 때 가장 먼저 허우적거리다 목숨을 잃을 수 있는 동물은 인간이다. 우리가 하찮게 보는 물고기 입장에서 보면 이런 인간들의 우스꽝스러운 몰골에 혀를 끌끌 찰 것이다. 또한 원숭이처럼 높은 나무를 잘 타는 능력을 지닌 것도 아니고, 새처럼 하늘을 마음껏 자유롭게 날 수 있는 능력도 갖추지 않는 동물이 바로 인간이다.

지금까지 우리 인간을 동물에 비해 뛰어난 능력이 없는 약한 모습으로 비유해봤다. 이는 지금부터라도 인간이 이기적인 관점으로 보는 사고방식을 지양했으면 하는 바람에서다.

동물과 비교해서는 그다지 인간의 우월함을 찾기 힘들었는데, 그렇다면 말 못하는 식물과 비교해보면 당당하게 자존심을 회복할 수 있을까? 하지만 그것 역시 큰 오산이다. 식물은 인간의 언어능력과 자유로운 이동능력은 없을지라도, 독특한 호르몬 분비로 서로 소통한다. 또한 자연환경의 변화를 본능적으로 직감하고 적응하며 살아간다. 오히려 인간보다 더 강한 생명력을 갖고 있다. 인간이 살지 못하는 사막이나 극한 추위 속에서도 식물은 죽은 듯 보이나 생명을 유지하고 있는 것을 보면 알 수 있다.

지금까지 기네스에 등재돼 가장 오래 산 사람은 프랑스의 잔 칼망 Jeanne Calment(1875~1997) 할머니로 122년을 살았다. 122세 삶을 최고의 기록으로 남기는 인간은 장수기록에서만큼은 감히 식물과 비교대상이 아닌 것 같다. 지구상에서 가장 오래된 나무는 미국 캘리포니아 비숍 근처의 화이트 산에 사는 약 4,900년 된 나무다. '강털 소나무 Bristlecone Pine'라고 부르며, 성경에 969세까지 산 것으로 기록된 사람의 이름을 따서 '므두셀라 Methuselah 나무'로도 불린다. 이 나무는 100년에 3cm만 성장한다고 한다.

눈부신 의학과 과학의 발달에도 불구하고, 인간은 자연식물인 므두셀라 나무의 생명력과는 비교도 안 될 정도로 나약하다. 다시 한 번 강조하지만 인간이 무능력하고 약한 존재라는 것을 부각시키려는 것은 결코 아님을 밝혀둔다. 단지 인간의 시선, 즉 식물을 바라보는 관점을 바꿔보자는 뜻을 담고 싶었다.

우리나라 굴지의 기업 포스코Posco의 광고가 떠오른다. '만약 철이 없다면 우리가 사는 세상은 멈춰버릴지도 모릅니다. 소리 없이 세상을 움직입니다. 포스코'의 내레이션과 함께 할아버지와 손주가 자전거를 타는데, 철이 없이 고무바퀴만 빙글빙글 돌고 있는 장면이 나온다. 이어서 회전목마에 손잡이 없이 말 위에 위태롭게 타고 있는 아이들의 모습, 그리고 철봉에 철이 없어 허공을 가르는 모습 등, '철'이 없는 세상을 정확하고, 의미 있게 묘사한 광고를 보면서 충격을 받았다. '우리가 살고 있는 세상에서 '철' 없이 사는 세상은 생각할 수도 없구나. 그래서 '철'이라도 들어야 사는구나"라는 생각을 하면서 심각성을 유머로 완화시켜봤다.

만약 '철' 대신 여기에 '식물'을 대입해보면 어떨까? 아마 철 못지않은 심각한 대란을 초래할 것이다. 철이 없으면 좀 불편하겠지만, 식물이 없다면 인간, 아니 동물들의 삶은 끝날 것이기 때문이다. 먼저는 산소 부족으로 고통받다 숨이 멎을 것이다. 그 정도의 극한 상황은 운 좋게 피하더라도, 지구온난화와 열섬현상으로 한여름은 50도를 넘어 폭염에 시달리다가 일사병과 열사병에 걸릴 것이다. 곳곳에 홍수로 수재민이 발생하며, 남극, 북극의 빙하는 녹아버려 지구의 해수면이 높아져 저지대 국가는 바닷속으로 잠겨 새로운 지도를 만들어야 할 형국이 될 것은 불 보듯 뻔하다. 이것은 상상이 아닌, 충분히 나타날 수 있는 예측 가능한 대재앙이다.

'만약 식물이 없다면 우리는 죽는다'로 결론을 내릴 수밖에 없다. 인간보다 잘 뛰고, 잘 날고, 잘 기어 다니며, 헤엄도 잘 치는 동물이 있다는 것을 알았다. 인간보다 오래 살고, 강인한 생명을 유지하는 식물도 있다는 것도 알았다. 다시 처음으로 돌아가야 한다. 자연과 어울려 필요한 만큼 주고받으며 남용하지 말고 살라는 겸허한 메시지로 받아들이자. 파괴하고 절단 내기 위해 자연을 우리 곁에 주지 않았음을 새삼 명심할 때다. 최근 일어나는 자연의 미세한 변화를 경고음으로 받아들인다면 지금이라도 늦지 않았다. '심자, 나무', '지키자, 환경', '보호하자, 자연'이라는 대국민, 아니 대지구인의 캠페인을 벌여야 할 때가 왔다. 만물의 영장이 인간이라면 말이다.

식물복지를
소개합니다

　운전하다 보면 종종 가슴 아픈 장면을 보곤 하는데, 그중 하나가 좁은 철창 안에 수십 수백 마리의 닭들을 태워 이동하는 화물차를 보는 것이다. 아무리 인간을 위해 희생하는 동물일지라도 왠지 마음이 안 좋다. 심지어 우리와 친숙한 반려동물인 개가 실려 가는 모습을 보면 더욱더 마음 아프다. 몸을 움직이지도 못하는 작은 공간에서 그저 숨을 헐떡이며 끌려가는 모습을 보노라면 몇 년 전 필리핀 마닐라 시내에서 탔던 지프니Jeepney가 생각난다.

　제2차 세계대전 이후 미군이 버리고 간 지프차를 개조해 운행하는 지프니는 필리핀 대중교통으로 시민들의 발 역할을 감당한다. 10명~15명 정도면 적정 인원인 듯한데 나는 하필 러시아워에 걸려들었다. 밀리고 밀려 오징어처럼 납작하게 될 정도로 약 30여 명의 승객과 밀착돼 이동하는데, 어깨는 그들보다 큰 체구로 당당히 견딜 수 있었으나 지프니의 턱 앞에 놓인 발은 움직일 수 없는 상태에 놓였던 것이다. 펴지도, 오므리지도 못한 상태로 10여 분을 달리니 이러다 혈액순환 기능이 마비될 것 같았고, 압박으로 인한 통증도 심해졌다. 불과 30여 분 달리는 동안에 오만 가지 생각이 들었다. 중간에 뛰어내릴까 하는 생각도 여러 번 했고, 얼마나 남았는지 연신 시계만 쳐다봤다. 하지만 내가 느꼈던 고통은 동물들이 느끼는 고통의 1,000분의 1, 아니 10,000분의 1도 안 될 것이다.

최근 '동물복지'라는 용어가 등장했다. 백과사전에 의하면 동물복지Animal welfare란 일반적으로 '인간이 동물에 미치는 고통이나 스트레스 등의 고통을 최소화하며, 동물의 심리적 행복을 실현하는 것, 즉 동물이 상해 및 질병이나 갈증, 굶주림 등에 시달리지 않고, 행복한 상태에서 살아갈 수 있는 권리'라고 정하고 있다. 동물도 인간처럼 자유를 누리고 싶을 것이다. 모든 생명체는 '자유'를 갈망하기 때문이다. 우리 안에 가둔 침팬지에게 알파벳을 가르쳐서 하고 싶은 말을 쓰게 했더니 '나를 여기서 나가게 해달라'는 말을 썼다는 우스갯소리도 있다. 그만큼 동물들도 자유를 갈망할 것이다. 다시 말해 살아 있는 생명체는 언어의 표현방법이 다를 뿐, 모두 자유를 최고의 가치로 여긴다.

동물에게는 동물복지가 있듯, 말 못하는 식물에게도 '식물복지'를 제공해야 한다. 식물복지란 식물이 건강한 토양과 환경에서 잘 자랄 수 있도록 화학비료와 화학농약 사용을 자제하는 것이다. 더 넓게 보면 기후환경 변화로 식물의 성장이 방해되거나 변형되지 않도록 클린 환경을 조성하는 것이다. 즉 식물이 제공하는 산소의 가치를 재평가해 높여주는 것 역시 식물복지를 구현하는 마음자세다.

　유전자 변형농산물GMO 이용을 자제하는 것도 식물복지 실천에 포함된다. 모든 과일이나 채소 등을 먹을 때 감사함을 느껴야 한다. 우리는 부드럽고 달콤함에 너무 익숙하다. 이러한 것들은 결코 건강에 유익하지 않다는 것을 다 알 것이다. '좋은 약은 입에 쓰다良藥苦口'를 한 번쯤 음미하면서 식물복지 실천에 한 걸음 앞으로 나아가는 사람들이 많아지길 희망해본다. 식물은 곧 사람을 살리는 존재이기 때문이다.

성공적인
3할 인생

야구의 가장 큰 매력은 9회 말 투아웃 이후에도 충분히 역전 가능하다는 것이다. 포기하지 않는 한 방 인생 역전을 꿈꾸는 사람들에게는 희망의 아이콘이 되기에 충분한 운동이다. 또 다른 매력은 확률과 통계를 사용하는 대표적인 과학 스포츠인 것이다. 나 역시 이 두 가지 매력에 푹 빠져 야구를 사랑한다. 그럼에도 불구하고 야구는 불공평한 경기, 행운에 따라 승패가 좌우되는 경기라는 생각을 자주 하게 된다.

실제로 타자가 정타로 잘 때린 타구는 수비수 정면으로 향해 아웃이 된다. 빗맞거나 평범한 땅볼 타구는 코스가 좋아 안타로 연결돼 위기에 놓이기도 한다. 실력보다 행운을 등에 업고 하는 스포츠로 오해하기 쉽게 만든다. 하지만 한두 게임으로 선수의 실력을 평가하지 않기 때문에 통계 스포츠로 불리는 것이다.

우리나라 프로야구는 144경기가 열린다. 결장하지 않고 꾸준하게 타석에 서게 되면 1경기당 평균 4번의 타석이라 가정할 때, $144 \times 4 = 576$번의 타격 기회를 얻게 된다. 여기서 타율을 인정받기 위해서는 규정타석을 채워야 한다. 규정타석이란 게임 수$\times 3.1$을 하면 된다. 그러니까 144경기일 경우 $144 \times 3.1 = 446.4$타석, 즉 리그 중 446타석에서 공격을 해야 공식적인 타율을 인정받는 것이다. 제아무리 타율이 5할이라도 규정타석에 미달하면 인정받지 못하기 때문에 운에 따라 좌우되는 경기라는 말은 감히 못할 것이다. 야구는 통계를 기반으로 한 과학 스포츠인 것이다.

또 하나 심장을 쫄깃하게 하는 대목은 바로 내야 땅볼타격과 도루에 관한 것이다. 홈 플레이트에서 1루까지의 거리와 각 루 간의 거리는 27.43m다. 타자가 내야 땅볼을 치고 열심히 달리는 모습을 봤을 것이다. 수비가 실책을 범하지 않는다면 거의 간발의 차로 아웃이 되는 것이다. 참 재미있다. 어떻게 27.43m를 만들어 아슬아슬한 경기를 하게 만든 것일까? 만약 수비수가 반 템포라도 늦거나 미트에서 공을 빼는 과정에서 한 번이라도 저글링을 하게 되면 여지없이 세이프 되는 과정은 홈런이 아니어도 흥분하기에 충분한 경기다. 도루 역시 마찬가지다. 투수의 투구 폼을 순간 포착해 열심히 달려도, 포수의 송구만 정확하나면 아웃될 확률이 높다. 실제로 도루성공률이 50%를 넘기는 쉽지 않다는 이야기다. 여기서 포수의 미트질이 불안하다든지, 송구가 빗나가면 간발의 차로 세이프가 되는 이 놀라운 상황이 나를 야구의 매력에 푹 빠지게 만들었다.

현대 스포츠는 과학과 첨단기술 그리고 스포츠심리학까지 활용해 선수의 기능을 향상시키고 있다. 타석에서 삼진당하고 내야 땅볼과 외야 플라이로 아웃을 자주 당하는 선수가 대한민국을 대표하는 '국민 타자'로 불리고 '야구 천재'로 불리는 것을 보면 이해할 수 없는 사람도 있을 것이다. 겨우 10번에 3번 정도 안타를 치는데 타격의 달인이라고 부르니 그도 그럴 것이다. 대부분 한 해 가장 좋은 성적을 내는 선수들의 타율이 0.350~0.380 정도에서 머물고 있는 것을 보면 그렇다. 또 3할 이상의 타율을 가진 선수는 타격의 재능이 우수한 선수로 인정한다.

그렇다면 3할이 얼마나 대단하기에 타자는 3할에 연연할까? 우리 인생에서 3할만 성공한다면 다들 과연 만족할까 싶다. 우리가 살아가는 데 필요한 10가지 중 3가지만 가지고 있다면, 성공한 삶을 살고 있다고 생각하는 사람은 드물 것이다. 3가지를 가지고 있는 사람은 5가지를, 5가지를 가지고 있는 사람은 9가지를, 9가지를 가지고 있는 사람은 10개 다 가지고 있더라도 만족하지 못할 것이다. 끊임없는 욕망이 결국 비참한 삶, 늘 불행한 삶의 연속으로 이어져 마지막까지 자존감의 밑바닥에서 허우적거리다 결국 생을 마감한다.

우울 증세를 보였던 한 중년 여성이 원예치료 수업에 참여하게 됐다. 모든 것이 무기력했고 삶을 포기한 듯 무표정이었다. 수업이 마치기가 무섭게 뒷문으로 나서는 그녀와의 원예치료 첫 만남은 이렇게 시작됐다. 자기는 세상에서 가장 비참한 사람이라고 했다. 남편은 자기보다 다른 여성에게 더 많은 관심을 보이고, 아이들은 학폭 가해자이면서 가출을 밥 먹듯 자주 한다. 친정어머니는 치매로 요양 중인데 큰딸임에도 여건상 보살피지 못하는 마음의 짐 때문에 그녀는 삶의 의욕을 더욱 잃어가고 있었다.

"저는 가진 것이 하나도 없어요. 자식농사도 망쳤죠. 남편에게 사랑받지 못하죠. 가난한 친정은 의지할 곳이 안 돼요. 너무 외롭고 힘듭니다. 왜 나만 이렇게 살아야 할까요?"

그런데 그랬던 그녀가 원예수업 시간 중 서서히 변화하기 시작했다. 서울에서 살다 귀농한 그녀는 일하면서 흙을 만지는 것과 학교에서 원예활동과정으로 식물을 심는 것은 묘하게 기분이 다르다고 했다. 농사일은 힘들고 지치는데, 원예수업은 같은 흙을 만져도 마음이 편하고, 매일 보는 꽃이지만 자기에게 인사하는 것 같아 이 시간만 기다려진다는 것이다.

지금까지 배운 실력을 점검하는 원예치료 현장실습을 가게 됐다. 그곳은 성인 여성 정신장애인들이 거주하는 시설이었다. 대상자별 치료적 접근방법을 동원해 꽃꽂이 프로그램을 진행했다. 꽃꽂이 솜씨가 예사롭지 않던 그녀는 현장실습을 다녀와서 자신을 돌아보며 이런 소감을 전했다.

"나는 잘하는 것이 하나도 없는 줄 알았는데, 내가 꽂아준 꽃을 보고 기뻐하는 장애 여성들을 보면서 너무 행복했어요. 그들이 저에게 선생님이라 불러줬는데 눈물이 날 뻔했어요."

무엇보다도 결과물에 대한 해석과 느낌을 발표할 때는 자신 있는 목소리로 소신껏 표현하는 모습을 보면서 모든 동료들이 감동했다. 그녀는 종강하는 것이 안타까워 다음 강의도 연이어 수강하고 싶다고 말했다. 수료 소감에서는 "내 인생의 변화를 가져다준 소중한 수업이었고, 영원히 잊지 못할 겁니다"라는 말로 눈시울을 붉히기도 했다. 그녀는 지도해준 나에게 문자를 남겼다.

"교수님, 저는 남들에게 없는 3가지나 가지고 있음을 깨닫게 해주셔서 감사합니다. 저는 건강한 체력이 있고, 꽃꽂이 솜씨가 있고, 가만히 생각하니 요리도 잘하더라고요. 이 정도면 3할 인생 성공적인 거죠?"

지금 그녀는 예전의 우울했던 모습은 찾아볼 수 없을 정도로 밝고, 건강한 삶을 누리고 있다. 더욱 고무적인 것은 원예치료사로서 왕성한 활동을 하고 있다는 것이다. 그 소식을 들었을 때 참 흐뭇했다. 그녀가 내게 마지막으로 남겼던 '식물이 나를 회복시켰습니다'라는 말은 오랫동안 가슴에 남아 맴돌았다. 내 안에 깊숙이 간직한 보물 3가지를 발견했다면 성공한 3할 인생이다. 깊숙이 감추인 보물을 가장 찾기 쉬운 곳은 '꽃과 식물'이라는 결정적인 힌트를 남긴다.

재미있는 꽃 이야기를 들어 보세요

제 **3** 장

옥수수수염은 꽃가루를 선택해 수정할 줄 아는 분별력을 가지고 있어 옥수수 꽃가루 이외 다른 식물의 꽃가루는 전혀 받아들이지 않는다. 더욱더 놀라운 사실은 같은 포기의 꽃가루보다 다른 포기의 꽃가루받이에 적극적인 모습을 띠고, 가능한 다른 옥수수와 섞여 우수한 자손을 갖고자 하는 본능을 넘은 생존전략을 가지고 있다. 작물계의 카사노바임에는 틀림없지만, 우량종을 남기고 싶어 하는 속 깊은 마음을 조금이나마 알아서 눈감아주다.

나를 사랑하는 꽃, 수선화

봄이 되면 누구보다 먼저 달려와 노란 꽃잎 활짝 벌려 안기는 꽃이 있다. 바로 수선화다. 수선화는 어느 꽃 못지않게 많은 팬을 골고루 확보하고 있는 대표적인 꽃이다. 동화작가이자 원예가인 타샤 튜더Tasha Tudor는 "수선화 없는 생활이란 생각할 수 없다"라고 말할 정도로 극찬을 했다. 수많은 꽃을 기르고 정원을 가꾼 그녀가 수선화를 얼마나 사랑했는지 알 수 있는 대목이다. 매년 가을 엄청난 양의 구근을 심었다고 하니 그녀는 달콤한 향기를 내뿜는 수선화의 매력에 푹 빠진 것이다.

내가 아는 지인도 봄만 되면 구근 수선화를 한 아름 사곤 한다. "수선화가 그렇게 좋으냐?"라고 물었더니, 부인이 수선화를 너무 좋아해 수선화만 보면 아침 상차림부터 달라진다고 한다. 그런 아내를 행복하게 해주고 싶어서 한단다. 참 보기 좋은 모습이다. 특별히 수선화를 좋아하는 이유는 예상대로 간단했다. 춥고 메마른 겨울 동안 마음까지도 얼어붙었지만, 봄소식을 안고 먼저 다가온 노란 수선화를 보면, 잘 견뎌낸 자신의 모습과 너무 닮아 자랑스럽기 때문에 자신에 대한 선물이라고 했다.

고대 그리스의 시인 호메로스Homeros도 수선화를 찬양하는 시를 지었을 정도로, 수선화는 예부터 많은 사랑을 받아온 꽃임에 틀림없다. 수선화도 종류가 다양하다. 화원에서 많이 보는 떼떼와 얼굴이 조금 더 큰 제타, 얼굴이 가장 큰 왕수선화가 있다. 색상도 다양하다. 노란색은 익숙하지만, 흰색과 주황색이 다양하게 섞인 종류도 있고, 꽃잎도 겹꽃으로 돼 있는 수선화도 있어 보는 사람의 취향을 다양하게 만족시켜준다. 그중 생동감 있고 발랄한 노란색 수선화를 으뜸으로 치는 이유는 봄을 잘 표현했기 때문일 것이다.

수선화는 외떡잎 백합목 수선화과의 구근식물로 학명은 Narcissus spp.다. 학명에 나타나듯, 수선화는 그리스신화에 나오는 미소년인 나르키소스Narcissus에서 유래됐다는 것을 모르는 사람은 없을 것이다.

나르키소스는 빼어나게 아름다운 미소년으로 모든 사람들이 그를 사랑했으나 정작 그 자신은 모두를 싫어할 정도로 도도한 소년이었다. 그런 나르키소스에게 거부당한 어느 요정이 자신이 겪은 것과 똑같이 이루지 못한 사랑의 괴로움을 나르키소스도 겪게 해달라고 소원을 빌었다. 요정의 소원을 듣게 된 아프로디테Aphrodite가 요정의 소원을 들어줬다. 그것은 바로 나르키소스가 맑은 호수에 비친 자신의 모습을 보고 사랑에 빠지는 벌을 받게 된 것이었다. 그가 물에 비친 자신의 모습에 가까이 다가가면 갈수록 그 모습이 흐트러져버리고, 너무 멀리 물러나면 자신의 모습은 이내 사라져버렸다. 너무나 잘생긴 자신의 모습을 보고 사랑에 빠져버린 나르키소스는 결국 자신이 비친 연못 속에 뛰어들어 죽게 됐고, 여러 요정과 신들은 그의 죽음을 슬퍼하며, 나르키소스가 오랫동안 기억되길 바라는 마음에서 그를 아름다운 수선화로 피어나게 했다는 전설이다.

많은 꽃들의 전설을 보면 사랑이든, 이별이든, 안타까운 사연으로 누군가 죽게 된 자리에 어김없이 피어난다. 이것을 보면 꽃은 생명의 재탄생을 의미한다고 해도 과장은 아니다. 수선화를 자세히 관찰해보면 고개 숙인 모양을 하고 있다. 마치 나르키소스가 호수를 들여다보는 모습이 연상된다. 꽃말 역시 '자기애', '자기주의', '자만', '자아도취'다. 정호승 시인의 〈수선화에게〉를 보면 외로움을 수선화를 통해 표현한 것이 잘 드러난다.

사람은 인생을 살아가는 동안 한 번쯤 인간관계의 '사춘기'를 겪게 된다. 누군가 곁에 있으면 그 이유로, 또 혼자 있으면 있는 그대로 아무 기준 없는 외로움에 시달리는 시기가 있다. 사랑과 이별일 수도 있고, 얽히고설킨 복잡한 인간관계에서 오는 외로움일 수도 있다. 나는 누구이고, 왜 살아가야 하는지에 대한 이유를 순간 망각할 때도 있다.

군중 속에서 느끼는 고독의 크기가 훨씬 더 크기 때문이다.

아주 익숙하고 반복적인 만남에서 느껴지는 고독의 탈출을 위해 몸부림치는 이들에게 바치는 꽃이 수선화다. 맹목적인 자기애에 사로잡힌 신화 속 나르키소스 역시, 자신을 내려다볼 수 있는 물가에 빠져 스스로 꽃으로 탄생했다. 혼자만의 외로운 시간을 다른 누군가가 아닌 나를 사랑하는 시간이라고 생각하면, 외로움은 위로자로 내 곁에 남아 있을 것이다. 지금도 외로움의 늪에 빠져나오지 못하는 사람들을 향해 수선화가 이렇게 위로해준다. 그 시간은 외로움의 시간이 아니라 오롯이 나를 사랑하고 나를 위한 시간의 선물이라고…. 시인 워즈워스 William Wordsworth는 마음의 위로를 이렇게 표현했다.

"이따금 긴 의자에 누워 멍하니 아니면 사색에 잠겨 있을 때, 수선화들은 고독의 축복인 내 마음의 눈에 반짝이노라. 그럴 때는 내 마음에 기쁨이 넘쳐 수선화와 함께 춤을 추노라."

이제는 나를 돌아보고 더 사랑하는 마음을 가져야 할 때다.

아픈 사랑을 간직한
히아신스

히 : 히스토리가 아닌 신화 속 주인공의
아 : 아프고, 안타까운 죽음은 태양
신 : 신 아폴론을 위로할 꽃으로 피어나
스 : 스포츠란 유일한 꽃말을 갖게 됐다.

    강의 중 독특하고, 오랫동안 잊히지 않는 꽃으로 기억되게 하는 기법 중 하나가 식물 이름으로 삼행시 또는 사행시 짓기를 하는 것이다. 각자의 상상력을 동원해 문장을 완성하는 시간은 생각 이상으로 집중력을 높여주는 시간이 된다. 이 기법은 남녀노소 어느 누구에게나 적용해봐도 놀라운 효과를 경험했다. 어르신을 대상으로 진행되는 수업에는 간단한 이 행시가 효과적이다. 기상천외한 문장으로 강의장을 웃음바다로 만들어 버리는 것은 시간문제다. 백일장 장원급제처럼 좋은 글에 보상이 따른 다면 금상첨화다.

소개된 식물 히아신스Hyacinth는 중동이 원산지로 백합과 구근식물이다. 수선화가 봄을 알리는 노랑 깃발이라면 히아신스는 노랑 깃발을 타고 향으로 전하는 아로마 군단의 대표적인 식물이다. 색상도 다양하다. 보라, 분홍, 자주, 흰색 등 눈도 즐겁게 하니 사랑받을 만한 자격이 있다. 미인박명美人薄命이라고 했던가? 아쉬운 점은 개화기간이 생각보다 짧다는 것이다. 짧은 인생 진하게 살다간 잘생긴 미소년의 모습이 그리스신화에 나타나 있다.

태양신 아폴론Apollon은 히아킨토스Hyakintos라는 소년을 매우 사랑했다. 그래서 아폴론은 운동할 때 늘 이 소년을 데리고 다녔으며, 다른 젊은 사람들이 히아킨토스를 질투할 정도였다니 그가 얼마나 잘생겼는지 상상이 간다. 어느 날, 아폴론은 히아킨토스와 들판에서 원반던지기 놀이를 즐겼다. 머리 위로 힘껏 던져진 원반은 멋지게 하늘을 날아올랐다. 이 장면을 본 히아킨토스는 자신도 멋지게 원반을 던져보고 싶은 생각이 앞서 아폴론이 던진 원반을 잡으려 급히 뛰어들었다. 순간 평소 아폴론을 질투하던 서풍의 신 제피로스Zephyrus가 히아킨토스가 있는 곳으로 역풍을 불어버렸다. 원반은 그대로 히아킨토스의 머리에 부딪쳤고 그는 그 자리에서 피를 흘리며 쓰러져 죽어버렸다. 이 모든 것이 자신의 부주의한 행동이라고 자책한 아폴론은 히아킨토스를 안은 채 한없이 슬퍼했고, 그 아픈 사랑을 보답이라도 하듯 히아킨토스의 피로 붉게 물들었던 풀들 속에서 한 송이 꽃이 피어났는데, 그 꽃이 바로 히아신스다.

아폴론은 피어난 꽃을 보며 위로를 받았으며, 히아킨토스가 꽃으로 환생하는 것에 만족하지 않고, 자신의 비통한 심정을 꽃잎에 'Ai Ai'라고 새겼다. 아직도 아폴론의 흐느끼는 소리가 들리는 듯한데, 아픈 사랑을 간직한 사람만이 꽃잎에 새겨진 흐느끼는 소리가 들린다고 한다. 사랑하는 사람과 아픈 이별의 상실감을 위로해주는 히아신스는 다양한 색상만큼이나 색깔별 꽃말도 다양하지만, '스포츠'란 꽃말을 가지고 있는 것은 히아신스가 유일하다. 최근에는 신부 부케용 소재로 각광받는 히아신스는 강렬한 향과 고운 천연색으로 사람들의 마음을 위로해주고도 남을 것이다.

 색깔에 따른 히아신스의 꽃말

흰색 : 마음 편히 당신을 사랑해 행복합니다.
청색 : 나를 사랑해주는 당신 때문에 기쁩니다.
붉은색 : 당신의 사랑이 나의 마음에 머뭅니다.
노란색 : 유희, 겸허한 사랑, 질투, 슬픔.

언어폭력에 희생된
튤립

풍차의 나라 네덜란드 하면 떠오르는 꽃은 튤립 Tulip이다. 순천만 국가정원에 식재된 튤립도 풍차와 함께 있어 작은 화란 마을을 연상케 한다. 하지만 튤립의 고향은 중앙아시아, 그중에서도 터키가 원산지라는 것을 아는 사람은 많지 않을 것이다. 회교도들이 머리에 두르는 터번은 터키어로 '튤리반드Tuliband'인데, 튤립은 꽃송이가 터번처럼 생겼다고 해서 유래된 이름이다.

1630년, 터키에서 건너온 튤립은 네덜란드 사람들의 관심과 사랑을 듬뿍 받았고 희귀한 튤립을 갖기 위해 부자들은 많은 돈을 투자하기 시작했다. 이른바 튤립 투기가 시작된 것이다. 튤립이 부의 상징으로 왜곡되면서 열풍은 극에 달해, 희귀한 튤립 알뿌리 하나가 저택 가격과 맞먹을 정도로 치솟았다. 그 기회를 이용해 한몫 챙기려는 상인들은 너도나도 무더기로 수입해 많은 돈을 챙겼다.

그러나 무더기로 들어온 튤립 가격은 수직 하락하게 됐고, 비싸게 구입한 튤립은 버리기도 아까워 여기저기 빈 땅에 심어졌다. 그들이 뿌리를 내려 네덜란드는 세계 최고의 튤립 생산국가가 된 것이다. 경제는 돌고 돌아 이제는 네덜란드가 세계 화훼수출국의 선두주자로 자리매김했고, 튤립은 네덜란드의 상징으로 자리 잡게 됐다. 역시 세상은 돌고 도는 것 같다.

튤립에 관한 전설을 보면 튤립이 얼마나 아름답고 귀한 꽃인지 알 수 있다. 어떤 작은 마을에 아름답고, 귀엽게 생긴 소녀가 살고 있었다. 너무 깨끗하고 순수하며 티 없이 자란 소녀에게 반한 세 명의 젊은이들은 동시에 청혼을 했다. 첫 번째 남자는 소녀가 살던 나라의 왕자로, 거대한 청혼 공약을 내걸며 소녀의 마음을 두드렸다. 왕자는 "만일 나와 결혼하면 나의 왕관을 그대에게 씌워 주겠소"라며 구애했다. 두 번째 남자는 가장 용감한 기사로, "나는 대대로 내려오는 좋은 칼을 주겠소"라며 소녀에게 프러포즈를 했다. 세 번째 남자는 가장 돈이 많은 부잣집 아들로, "나와 결혼해준다면 나의 금고 속에 가득한 황금을 전부 주겠소"라고 말하며 신중하게 청혼했다.

순수한 소녀는 애타는 세 남자의 마음을 알지 못하는 듯, 그저 웃기만 했다. 소녀가 결국 아무런 대답도 하지 않자 세 남자는 서로 화가

나 욕설과 저주를 퍼붓고, 모두 떠나버렸다. 난데없는 언어폭력을 당한 소녀는 기가 막혀 그대로 시들시들 하다 병들어 죽고 말았다. 이 슬픈 사연을 알게 된 꽃의 여신 플로라Flora는 소녀의 넋을 튤립으로 피어나게 했다. 표현 못한 소녀의 마음을 세 명의 남자에게 똑같이 전하고자 꽃송이는 왕관 모양, 잎새는 칼을 닮게 했으며, 황금빛 뿌리덩이를 가진 튤립으로 다시 태어나게 했다는 전설을 가지고 있다.

　백합과 구근식물인 튤립은 다양한 색상을 가지고 있으며, 꽃색깔에 맞는 꽃말도 있다. 대표적인 붉은색은 '사랑의 고백'이란 꽃말을 가지고 있어 튤립의 전설과 가장 잘 어울린다. 튤립이 피기 시작할 때면 꼭 지기 전 이렇게 말해보자.

"당신을 너무 사랑합니다."

　아직도 사랑 표현에 익숙하지 못한 가까운 가족부터 실천해보길 제안한다. 그리고 이왕 하는 말이라면 축복하는 말, 격려의 말, 용기 주는 말로 시작한다면 언어폭력에 희생된 튤립의 슬픈 마음에 조금이나마 빚을 갚는 일이 될 것이다.

　튤립을 이용한 원예치료 프로그램은 청소년을 대상으로 진행하면 효과가 크다. 말의 중요성과 말의 힘을 알게 하는 프로그램으로, 정서 및 언어 순화교육과 병행하면 기대 이상의 효과를 볼 수 있기에 적극 권장한다. 꽃은 말없이 피어나지만, 오랫동안 가슴에 머물며 강한 교훈을 남겨주기 때문이다.

할머니의 눈물, 할미꽃

어릴 적 뒷동산은 동네 아이들의 유일한 놀이터였다. 그곳은 나지막하고 양지바른 곳에 자리 잡고 있는 어느 집안의 가족 무덤이었다. 제법 넓어 10여 개 되는 무덤을 넘나들며 축구 공차기, 자치기 등을 하는 데 천혜의 조건을 갖추고 있었다. 무덤가 주변에는 작은 소나무들과 잡목들이 우거져 있었다. 그중에서도 무덤 주변에 몇 그루씩 군락을 이루며 피어나는 할미꽃을 보면 함부로 하지 않았다. 조심스럽게 자리를 피해 돌아가고, 일부러 밟지도, 손도 대지 않는 출입금지 구역이었다. 무덤에 핀 할미꽃은 돌아가신 할머니가 환생해 피는 꽃이라고 생각했기 때문이다.

할미꽃Korean pasque flower이라는 이름은 꽃봉오리가 고개 숙인 모습이 할머니의 굽은 허리를 닮아서 붙였다는 설과 꽃이 지고 나면 하얀 털이 뭉쳐져 있어 할머니의 흰머리 같아서 붙여진 이름이라는 두 가지 설이 있는데, 내 생각에는 두 개 다 맞는 것 같다.

할미꽃 역시 슬픈 전설을 가지고 있다. 어느 산골에 손녀딸 셋을 키우던 할머니가 살았는데, 그중에 큰손녀가 가장 예뻤고, 그다음은 둘째 손녀였다. 막내 손녀는 셋 중에 외모는 덜 예뻤지만, 착한 마음씨만큼은 세 자매 중 으뜸이었다. 큰손녀와 둘째 손녀는 미모와는 전혀 다르게 이기적이었다. 세 손녀와 함께 행복한 나날을 보내던 할머니는 세 손녀가 장성하자 원하는 신랑감을 구해 혼인을 시키고 홀로 남았다. 다행히도 얼굴이 가장 예쁜 큰손녀는 돈 많은 부자에게, 둘째 손녀는 똑똑한 선비에게, 그리고 평소에 정이 많았던 막내 손녀는 부자는 아니지만 마음이 고운 산골총각에게 시집을 가게 됐다.

손녀들에게 신세지지 않으려고 혼자 노후를 힘겹게 보내던 할머니는 그만 기력도 쇠하고, 살림도 기울어져 더 이상 혼자 살 수 없었다. 그래서 먼저 부잣집 큰손녀 집에 찾아갔다. 큰손녀는 할머니를 오랜만에 만나는 반가움에 처음 며칠 동안은 잘 대접했지만, 보름도 안 돼 할머니에게 눈칫밥을 주기 시작했다. 아무리 기난해도 경우만큼은 바르게 지켰던 할머니는 더 이상 있을 곳이 못 된다 생각하고 둘째 손녀 집에 찾아갔다. 둘째 손녀 역시 첫날만 반가움에 잘해주고 다음 날부터는 할머니를 구박하기 시작했으며, 급기야 남편 공부에 방해된다고 누룽지 한 그릇을 싸주면서 막내 집으로 내쫓았다. 그런데 눈보라가 휘날리는 추운 겨울 산길을 가던 할머니는 그만 쓰러지고 말았다.

늘 할머니를 그리워하던 막내 손녀는 산어귀에서 할머니의 모습이 보이지 않자 곧장 산길을 내려오다 눈 속에 묻힌 할머니를 발견하게 됐다. 한없는 슬픔 속에 효심을 다한 막내 손녀는 양지바른 곳에 할머니를 묻어드렸다. 그 후로 할머니의 무덤가에 자줏빛 댕기를 닮은 붉은 꽃이 피기 시작했고, 사람들은 손녀를 그리워하던 할머니의 넋을 기리는 뜻에서 '할미꽃'이라 불렸다는 전설이 있다.

할미꽃은 미나리아재비과에 속하며 '슬픈 추억'이라는 꽃말을 가지고 있다. 비록 막내 손녀를 제외한 두 손녀들에게서 무시와 괄시를 받았지만 할머니 사랑의 영원함은 약재로 사용돼 우리들의 건강을 지켜준다.

할미꽃의 뿌리를 '백두옹'이라고 해서 한방에서는 건위제·소염제·수렴제·지사제·지혈제·진통제로 쓰며, 민간에서는 학질과 신경통에 효험이 있다. 마지막 남은 잔뿌리까지도 손녀들의 건강을 염려하는 할머니의 깊고 큰 사랑을 보여줘 더욱 진한 감동으로 남는다.

"할머니, 이제는 눈물을 거둬주세요. 세상에서 가장 아름다운 꽃은 할미꽃입니다."

순애보의 끝판 왕,
천일홍

갈수록 높아지고 있는 것은 물가와 집값만이 아니다. 바로 이혼율이다. 2016년 통계자료에 의하면 혼인 건수 281,600건, 이혼 건수 107,300건으로 혼인 건수 대비 이혼율이 38.1%로 40%에 육박한다. 이혼율이 매년 증가하는 추세인 것을 보면 10년 내 혼인 건수 대비 이혼율이 50%에 도달할 날도 얼마 남지 않는 듯하다.

이혼사유야 다양하지만 대표적으로는 성격차이와 경제문제가 50%를 넘어선다. 부부 사이는 아무도 모르는 둘만의 비밀스러운 관계다. 쉽사리 속마음을 내비치기도 어려운 여건과 환경 속에서 성격차이로 인한 갈등의 벽을 넘지 못하고 등을 돌리는 부부가 많다.

통계청《인구동태 통계연보》의 경제성장률 추이와 이혼율과의 관계자료가 흥미로운 눈길을 끈다. 경제성장률이 급락할 때 이혼율 역시 높아지고, 반대로 경제성장률이 높아지면 이혼율도 낮아진다는 통계자료다. 역시 이혼은 경제와도 밀접한 관련이 있음을 알 수 있다. 돈이 많으면 부부관계도 좋아지고, 반대인 경우 부부관계가 메말라간다는 극단적인 분석은 매우 위험하며, 일반화하기에는 무리가 있다. 유전무죄 무전유죄처럼 유전무이 有錢無離, 무전유이 無錢有離가 된다는 것은 사회부조리의 극단적인 치부를 보여주기 때문이다.

오늘 이야기는 부부의 영원한 사랑을 담은 아름다운 러브스토리다. 가난한 살림에도 사랑으로 끈끈하게 맺어 아름다운 가정을 이뤄가는 내용은 부부 연을 맺고 살아가는 많은 사람들에게 말없는 울림을 준다. 꽃말도 '영원한 사랑, 변치 않는 사랑'인 천일홍 Globe amaranth이 그 주인공이다. 대부분의 꽃 이야기나 탄생 비화를 보면 애절하고 슬픈 이야기의 주인공이 등장한다.

천일홍의 탄생 이야기는 몇 안 되는 해피엔딩이다. 그것도 경제적 어려움을 사랑으로 이겨내고 다시 부부의 사랑으로 피어난 꽃이기에 더 사랑스럽다. 꽃모양 역시 기다란 꽃대 위에 솜방망이처럼 작고 동실하게 피어나 볼수록 애교와 사랑이 넘친다. 비름과의 한해살이 풀인 천일홍은 한방에서는 천일초 千日草라고 부르며, 호흡기 질환을 다스리는 약재로 사용된다. 꽃의 붉은 기운이 1,000일이 지나도록 퇴색하지 않는다고 해서 천일홍이라는 이름이 붙여졌는데 그 유래에 고개가 끄덕여진다.

　먼 옛날 장사를 하는 가난한 부부가 살았는데, 남편은 어떻게든 잘 살아보기 위해 큰돈을 벌어오겠다며 집을 나섰다. 집을 떠난 남편이 오랫동안 돌아오지 않자 주위 사람들은 남편이 돌아오지 않을 거라고 쑥덕거렸다. 그러나 부인은 남편이 돌아오는 길이 보이는 언덕에 붉게 핀 꽃을 보며 이 꽃이 질 때까지 만이라도 기다리겠다고 마음먹었다. 결국 남편은 3년 만에 큰돈을 벌어서 돌아왔고 부부는 부자가 돼 행복하게 살았다고 한다.

　이 꽃의 유래를 보면 경제적인 이유로 부부가 갈라서는 일이 문제를 회피하는 것임을 알 수 있다. 힘들어도 무조건 참고 살라는 말은 아니지만, 천일홍의 이야기가 갈등관계에 있는 부부들에게 조금이나마 더 깊은 생각을 주는 것은 확실하다.

　천일홍은 드라이플라워 소재로도 단연 인기다. 그늘에 잘 말려두면 색상도 변하지 않고, 바스락거리거나 쉽게 떨어지지 않기 때문이다. 원형리스를 이용해 천일홍을 빽빽하게 꽂아두고 감미로운 아로마 향을 한두 방울 떨어뜨린 후 부부 침실 위에 매달아 놓아보자. 달달한 향기는 부부의 금실을 더욱 좋게 해줄 것이다. 또한 영원불멸의 상징인 리스는 천 년의 사랑을 담은 천일홍과 함께 백년해로의 의미를 담고 있어서 부부관계 갈등이나 위기마다 지혜로운 극복방법을 제시해 줄 것이다.

복숭아 빛깔의 외사랑, 능소화

태양이 작열하는 무더운 여름 골목길을 걷다 보면 화사한 주황색 넝쿨식물을 만난다. 붉고 강렬한 태양의 마음을 조금이나마 완화시켜주는 잘 익은 복숭아 같은 색은 잠깐의 무더위를 식혀줄 만하다. 멀리서 보면 분홍색 나팔꽃처럼 보이기도 한다.

그 주인공은 바로 능소화 Chinese trumpet creeper다. 꽃만큼이나 이름도 예쁘다. 낙엽성

넝쿨식물로 중국이 원산지인 능소화는 덩굴성이라 울타리, 시멘트벽, 야외학습장, 담장 등 타고 올라갈 것이 있는 곳이면 어디든 잘 어울린다. 대문 주변이나 담, 고목 같은 곳에 타고 올라가 꽃줄기를 늘어뜨린 모습은 가히 일품이다. 꽃은 8~9월에 빨간색에 가까운 주황색으로 피며, 10월에 열매가 익는다. 번식이 왕성하고 생명력 또한 강하다. 넝쿨 줄기에 마디마다 기근氣根이 있어 벽면과 같은 물체에 닿으면 거기에 붙어 곧 뿌리를 내린다.

능소화의 또 다른 이름은 '금등화' 또는 '양반꽃'이라고 불린다. 예전부터 양반집 대문이나 돌담 정원수로 많이 심었기 때문에 붙여진 이름인 듯하다. 이 능소화에게도 가슴 아픈 사연이 있다.

옛날 궁중에 복숭아 빛 뺨에 자태가 고운 소화라는 어여쁜 궁녀가 있었다. 뛰어난 미모로 임금의 성은을 받게 된 소화는 궁녀 중에서도 가장 높은 지위인 빈이 됐다. 그런데 어찌된 일인지 임금은 빈이 된 소화를 찾지 않았고, 소화는 임금을 애타게 기다리다가 점점 지쳐가고 있었다. 작은 발자국 소리도 임금의 인기척인가 싶어 담장에 귀 기울이며 애타게 기다리다가 지친 소화는 그만 상사병에 걸려 죽고 말았다. 소화는 숨을 거두기 전 마지막으로 "나를 담장 옆에 묻어주오. 나는 죽어서도 임금님을 기다릴 거요"라는 유언을 남겼다.

시간이 흐른 후 소화의 무덤에는 나무가 자라 담장을 기어올랐는데 꽃모양은 귀를 활짝 열어둔 모습이었으며, 색깔은 소화의 뺨처럼 복숭아 빛깔을 띠고 있었다. 궁중 사람들은 이 꽃을 담장을 기어오르는 소화를 닮았나 해서 '능소화'라고 불렀다. 풀꽃으로 유명한 시인 나태주의 〈능소화〉를 보면 '누가 봐주거나 말거나 커다란 입술 벌렸다가 뚝 떨어지는 슬픔을 간직한 능소화'로 표현해서 임금을 향한 소화의 애틋한 사랑이 가슴으로 전해진다.

능소화는 한없이 여려 보이지만 꽃가루가 눈에 들어가면 실명을 유발할 수도 있다고 해서 아름다워도 가까이 하지 못한다고 하는 이야기를 자주 듣곤 한다. 실제로 능소화는 일부 야생화 도감에서 인체에 유해한 꽃으로 분류하고 있다. 그 이유로는 능소화의 꽃가루 모양이 갈고리처럼 생겨 눈에 들어가면 상처를 낼 수도 있다는 것을 들고 있다.

하지만 2015년에 보고된 산림청의 연구 결과에 따르면 꽃가루를 만진 후 눈을 비비면 각막에 상처가 발생할 순 있어도 실명까지 초래하지는 않는다고 보고됐다. 능소화 꽃가루 또한 갈고리 모양이 아닌 그물 모양이어서 바람에 잘 날리지 않는다는 것도 덧붙였다. 그렇지만 어떤 꽃가루든 꽃을 만지고 눈을 비비는 행동은 삼가야 한다.

능소화는 꽃이 질 때도 기품을 유지한다. 꽃잎이 하나하나 떨어지는 식으로 지지 않고, 꽃 전체가 한꺼번에 꽃의 모양을 그대로 유지한 채 떨어진다. 꽃의 색이 바래기 전에 져버리는 그 단호함과 아름다운 기품이 흡사 기개 있는 선비와 같으니 양반꽃이라 불릴 만하다. 꽃말 역시 양반꽃과 잘 어울리는 '명예'라고 하니 꽃모양과 꽃말, 꽃이름에서 유래된 전설이 잘 어울리는 여름 꽃, 능소화의 품격을 닮고 싶다.

사랑도
뻥튀기 해드립니다

　식용작물 중에 밀 다음으로 많이 재배되는 것이 바로 옥수수다. 옥수수에 대한 추억은 마치 한 알 한 알 떼어먹는 옥수수의 낱알처럼 알알이 박혀 있다. 옥수수 하면 제일 먼저 연상되는 것은 바로 옥수숫대다. 사탕수수보다는 좀 더 굵고 거칠며 대나무보다는 얇은 두께로 약 2m 내외 크기의 옥수숫대는 최고의 간식거리였다. 달짝지근해 설탕이 귀한 시절 달콤한 맛을 볼 수 있어 좋았고, 질근질근 씹는 구깅운동은 치아와 턱관절을 충분히 자극해줘 넘치는 에너지를 소모할 수 있는 도구였다. 가장 맛있는 부분이 지상부와 맞닿은 부분이다. 맛있는 부분은 역시 먹기도 힘들다. 다른 부위에 비해 단단하고 거칠기 때문이다. 조금이라도 실수하면 단단한 겉껍질을 벗기는 순간 양 입술 끝이 상처 나기 십상이다.

옥수수 원산지는 볼리비아를 중심으로 한 남아메리카 북부의 안데스산맥의 저지대나 멕시코로 추정되며, 우리나라는 중국에서 전래됐다. 이름 역시 중국음의 옥촉서玉蜀黍에서 유래해 한자의 우리식 발음인 옥수수가 됐고, 다시 지방에 따라 옥시기·옥숙구·옥수시·옥쉬이 등으로 불리고 있다. 내 고향에서는 옥수시로 불렸다. 강원도 지방에서는 강냉이·강내이·강내미 등으로 불리기도 한 옥수수는 인간을 기아로부터 해방시켜준 구황작물이었다. 옥수수의 용도는 식용, 사료, 공업원료 등 다양하게 쓰임받고 있다. 그중 우리 일상과 밀접한 옥수수는 역시 식용이다. 영화관 필수 구입 아이템으로 자리 잡은 지 오래된 팝콘, 옥수수 통조림 등은 가공돼 입맛을 훔친 맛 스틸러다. 가공되지 않은 옥수수의 맛은 추억의 보물창고다.

지금부터 보물창고 속 추억을 하나씩 꺼내본다. 다 먹은 옥수수 속대는 여러 용도로 쓰였다. 잘 말려 불쏘시개로 긴요하게 쓰였으며, 대나무나 소나무 가지를 깎아 옥수숫대에 꽂아 어르신들의 효자손 역할도 톡톡히 해냈다. 삶은 옥수수 껍질을 벗겨 몇 조각으로 나누면 다양한 수공예품을 만들 수도 있었다. 기억에 남는 수공예로 접시받침과 무거운 것을 머리에 이고 다닐 때 쿠션 역할을 하는 똬리 역시 짚이나 옥수수 껍질로 만들었다. 솜씨 좋은 아저씨는 인형을 만들어 우리들에게 주곤 했다. 껍질째 삶은 옥수수를 뒤로 젖혀 깐 후 아가씨 머리처럼 세 가닥으로 땋으면 영락없는 젊은 처녀 머릿결과 비슷했다. 지금은 귀한 옥수수수염차로 대접받지만 그때는 아이들이 턱에 붙이고 다니며 할아버지 수염을 흉내내는 소꿉장난 소품으로 손색이 없었다.

나는 옥수수를 먹을 때 한참 고민했다. 밑부분부터 먹을까, 끝에서부터 먹을까, 아니면 중간부분부터 과감하게 베어 먹을까 하는 사소한 갈등의 연속이었다. 지금도 옥수수와 마주하면 결정장애가 생긴다. 결론은 그때그때 달랐다. 그러고 보니 어릴 적에 궁금한 것이 하나 있었다. 왜 옥수수 알은 한 가지 색이 아닐까 하는 것이었다. 중간중간 검거나 빨간 옥수수 알이 박혀 있을 땐 그 색만 남겨놓고 하얀 알 먼저 골라 떼어먹은 기억도 난다. 한 대에서 다양한 색이 나오는 것은 옥수수가 외도한, 즉 바람에 날려 바람난 결과물이란 것을 알았을 때는 좀 더 특별한 맛으로 느껴졌다. 옥수수 역시 꽃이 피는데 암꽃과 수꽃은 확연히 다르며, 굳이 구분하지 않는다면 꽃으로 보이지 않을 정도로 달라도 너무 다른 모습을 보여준다. 수꽃은 역시 사나이 기상을 알리려는 듯 옥수수 맨 꼭대기에 당당하게 솟아나 있다. 모습은 빗자루 같기도 하고, 개 꼬리를 닮아 아이들은 개 꼬리라고 부르면서 놀기도 했다. 암꽃은 그야말로 여성스럽다. 얌전하게 옥수수 마디 사이사이 수줍은 듯 피어난다. 암꽃의 모양은 새색시라고 하기에는 할아버지 수염을 닮아 할아버지 수염이라고 불리는 불명예를 안고 있다.

옥수수 수꽃은 빗자루처럼 볼품없어 보이지만, 남성성만큼은 최고를 자랑한다. 수꽃은 무려 2,000만~3,000만 개의 꽃가루를 생산하니 대단한 정력가라 부러울 따름이다. 옥수수 수꽃은 4~6일 먼저 피어 암꽃이 피기를 기다리며 꽃가루를 완성한다. 암꽃의 수염이 나오기가 바쁘게 꽃가루를 날려 암꽃 수염에 묻힌다. 꽃가루는 7~10일간 계속 날려 보내니 수염이 먼저 나온 암꽃이나 늦게 나온 암꽃이나 골고루 수정이 돼서 결실하지 못하는 암꽃이 생기는 걸 예방하는 치밀함까지 보여준다.

암꽃 수염에 부착한 꽃가루가 다행히 궁합이 맞으면 이내 점액을 분비한다. 이것을 화분생리학에서는 '꽃가루가 땀을 흘린다'라고 한다. 꽃가루는 대단히 높은 영양성분을 가지고 있어 건강식품으로 고가에 거래되고 있다. 아메리카 인디언 중에 '나바호족'이 있는데 이들은 조상 대대로 옥수수 꽃가루를 먹어왔다고 한다. 대개 옥수수자루에는 자루 크기와 품종에 따라 400~800알까지 달린다.

옥수수는 다른 식물과 달라서 씨앗 한 톨을 만드는 일에 꽃 두 송이가 관여하는데, 2개의 꽃 중에서 씨앗이 생기는 꽃을 '염실화'라고 하고 희생양으로 사라지는 꽃을 '불염화'라고 부른다. 옥수수수염을 자세히 관찰해본 사람은 끝이 나뭇가지처럼 여러 갈래로 갈라져 있는 것을 봤을 것이다. 흥미롭게도 옥수수수염의 길이는 수정시기와 깊은 관계가 있다. 즉 수정이 된 상태의 수염은 수정되지 못한 수염보다 훨씬 작다. 즉 수정이 안 되면 될 때까지 자라기 때문에 어떤 것은 수염의 길이가 40cm 이상 되는 것도 있다. 당연히 일찍, 아니 제때 수정된 옥수수는 알이 실하고 굵으며 맛도 좋다.

옥수수수염은 꽃가루를 선택해 수정할 줄 아는 분별력을 가지고 있어 옥수수 꽃가루 이외 다른 식물의 꽃가루는 전혀 받아들이지 않는다. 더욱더 놀라운 사실은 같은 포기의 꽃가루보다 다른 포기의 꽃가루받이에 적극적인 모습을 띠고, 가능한 다른 옥수수와 섞여 우수한 자손을 갖고자 하는 본능을 넘은 생존전략을 가지고 있다. 작물계의 카사노바임에는 틀림없지만, 우량종을 남기고 싶어 하는 속 깊은 마음을 조금이나마 알아서 눈감아준다.

수꽃 역시 꽃가루를 같은 그루에 달려 있는 암꽃 수염에 날려 보내주기보다 바람이란 핑계를 등에 업고 멀리 이웃에 있는 다른 그루에 있는 수염에 날려 보낸다. 바람을 안고 바람을 핀 것이다. 그래서 '바람 핀다'라는 말이 나온 것 같다. 이들의 은밀한 사랑놀이 덕분에 우량 품종을 만들어냈고, 기근에서 해방시켜 수많은 사람의 영양을 공급해준 고마운 구황작물이 됐다.

다음 장은 갈등관계에 있는 부부를 대상으로 한 원예치료 프로그램이다.

프로그램명 : 사랑도 뻥튀기 해주세요.

목표 : 식물인 옥수수와 사람의 번식방법의 차이를 이해하고, 삶의 방식과 다름을 이해한다.

· 대상 : 갈등부부.
· 준비물 : 옥수수(부부당 2개), 네임펜, 가위.

과정
· 옥수수 수정과정을 그림을 통해 보여주고 느낀 점을 나눈다.
· 처음 만났을 때 배우자의 가장 매력적이었던 부분을 한 가지씩 서로 나눈다.
· 옥수수 껍질을 뒤로 벗겨 머리카락으로 이용하고, 옥수수자루와 알맹이, 수염을 이용해 배우자의 매력적인 부분을 부각시켜 옥수수 인형을 만든다.
· 옥수수 인형을 서로 교환하면서 첫사랑의 기억을 떠올리며 부부인형으로 만든다.
· 프로그램 말미에는 뻥튀기나 팝콘을 함께 만들며 영화 관람 중 사랑 간식으로 사용한다.

기대효과 : 작물을 소품으로 이용해 흥미를 유발하고, 배우자의 매력을 다시 한 번 느낀다. 또한 뻥튀기처럼 사랑도 몇 배 더 커질 수 있다는 기대를 갖게 한다.

나는 백합을
한문으로 쓸 수 있다

지구상 가장 과학적이면서도 한 단어에 뜻을 가장 많이 가지고 있는 글은 우리가 사용하는 한글이 아닌가 싶다. 글을 읽어도 무슨 뜻인지 도저히 이해되지 않아 몇 번의 부연설명을 해야 겨우 알게 되는 글들이 제법 많이 있다.

구한말 선교사가 생활하면서 '사람이 죽었다'라는 표현을 들었는데, 말하는 사람마다 표현이 달라 무척 애를 먹었다는 이야기가 있다. '돌아가셨다, 갔다, 소천했다, 부름 받았다, 뻗었다, 운명했다, 작고했다, 유명을 달리했다, 세상을 떴다, 눈감았다' 등 죽음에 관한 단어가 10개 이상이어서 이해하는 데 어려움이 많았다. 그러던 어느 날 마을 대감의 상갓집 문상을 간 그는 어떤 위로의 말을 전할까 한참 고민하다가 "대감님이 뻗으셔서 마음이 아파요"라고 말해서 바로 쫓겨났다는 일화가 있다. 우리말이 얼마나 중의적이고, 다의적인 의미를 가지고 있는지 단적인 예로 보여준다.

또한 우리나라는 한자문화권이기 때문에 한문이 가지고 있는 여러 뜻을 상황과 연계해야 비로소 올바르게 한글로 표현하고, 의미를 정확하게 이해할 수 있다. 한편 시장에서 상인과 물건을 사러온 손님의 오가는 대화를 들어보자.

"왜 그러시오? 싼 물건 맞잖소? 개가 똥을 싼 걸, 종이로 꽁꽁 쌌으니, 그보다 싼 물건이 어디 있소?"

'싼', '싸다'라는 단어가 연이어 나오지만, 각각 다른 의미를 가졌으니 코미디언이나 만담전문가의 단골메뉴로 등장할 만하다. 재미있는 우리말은 유머나 개그 소재로도 종종 등장한다. 머리를 식히자는 의미에서 재미있는 고전 유머퀴즈를 이어가본다.

Q : 콩나물이 무를 때리면?
A : 콩나물 무침.

Q : 세탁기 안에서 타올이 바지 속 열쇠를 때리면?
A : 키친타올.

이왕 이렇게 된 거 아재퀴즈를 계속 이어가본다.

Q : 아프리카 부족 중 가장 우두머리는?
A : 추장.

Q : 추장보다 더 높은 사람은?
A : 고추장.

Q : 고추장보다 더 높은 사람은?
A : 초고추장.

Q : 초고추장을 지배하는 사람은?
A : 태양초 고추장.

빵 터진 사람 반, 말장난에 코웃음 반으로 나뉘는 모습이 상상된다.
장미 다음으로 우리와 친숙한 백합Lily은 꽃잎이 하얗다. 그래서 한문으로 쓰면 대부분 흰백白자를 쓰고, 또 당연히 그렇게 생각한다. 그러나 백합의 한자 표기는 일백 백百자를 쓴다고 하면 의아해한다. 백합은 구근식물 중에서 '인경식물'에 속한다. 인경이란 잎의 기부가 변형, 비대해 층상層狀의 비늘 조각을 이뤄 짧은 땅속줄기에 붙어 있는 예 : 백합, 튤립, 수선화 등 구근식물이다. 그래서 한자 역시 비늘줄기의 조각이 100개나 된다고 해서 붙여진 이름이다.

백합은 종류도 다양하다. 우리가 흔히 화원이나 꽃바구니에서 보는 백합은 개량한 원예종이므로 이를 제외하면 백합의 순우리말은 '나리' 꽃이다. 나리의 이름 중 '말나리'처럼 '말'이 들어가면 줄기에 잎이 돌려났다는 뜻이고, 하늘을 향해 피면 '하늘나리', 날개모양의 잎을 가진 하늘나리는 '날개하늘나리', 나리꽃 중에서도 가장 아름다워 붙여진 '참나리', 이 밖에도 '섬말나리'는 꽃이 옆으로 피는 울릉도 특산종이며, 꽃잎에 표범 무늬 같은 꿀점이 보이는 게 특징이다. 땅을 보고 꽃을 피우는 '땅나리' 등 피는 모양과 생김새에 따라 다르게 부르니 한문이나 접두사로 표현하고, 이해하기가 쉽지 않다. 다시 한 번 꽃이 바라보는 방향에 따라 불리는 나리의 종류를 총 정리해본다.

잎이 어긋나고 하늘을 바라보면 하늘나리.
잎이 어긋나고 옆을 바라보면 중나리.
잎이 어긋나고 땅을 바라보면 땅나리.
잎이 어긋나고 줄기에 지느러미처럼 날개가 달려 있으면 날개하늘나리.
잎이 어긋나고 잎겨드랑이에 염소 똥처럼 주아(육아)가 달리면 참나리.
잎이 치마처럼 돌려 나고 옆을 바라보고 꽃을 피우면 무조건 말나리.

다양하게 불리는 백합의 이름만큼 외우기 어려운 것이 이름이다. 처음 만나는 사람들에게 자기소개를 할 때 한 번에 기억되기 쉽도록 원예치료기법을 활용해 적용해본다.

프로그램명 : 한 번에 기억되는 자기소개.

· 대상 : 아동, 청소년부터 노인까지 전 연령층.
· 준비물 : 백합(나리꽃), 네임텍, 메탈펜, 리본.

과정
· 백합의 한문 뜻과 백합의 다른 이름, 나리의 다양한 종류를 알아본 후 자기소개 시간을 갖는다.
· 자기소개방법은 이름 앞에 자신을 가장 잘 표현할 수 있고 오랫동안 기억될 수 있는 접두사, 형용사 등을 사용해서 한 문장으로 완성한다.
· 자기소개가 끝나면 백합꽃을 리본으로 묶은 후 네임펜을 이용해 옆 사람(왼쪽이나 오른쪽 한 방향으로)에게 소개했던 내용을 그대로 적어 백합에 매단 후 "짝꿍이 돼 반갑습니다"라는 인사와 함께 건네주며, 다시 한 번 본인의 이름을 소개한다.

기대효과 : 잘 표현한 자기 이름을 쉽게 기억하게 할 뿐 아니라 옆 사람(동료)과 상호작용을 원활하게 하며 학습효과를 높여준다.

우리나라 꽃, 무궁화

우리나라 국기國旗는 태극기이며, 국가國歌는 애국가다. 한 나라를 상징하고 대표하기 때문에 태극기를 보거나 애국가를 부를 때 종종 가슴 깊은 곳에서 애국심이 우러나오고 감격의 눈물이 흐르기도 한다. 국기나 국가처럼 국가의 존엄성을 나타내거나 국제법상의 상징성은 없지만, 국화國花는 한 나라의 풍습, 자연, 문화, 전설 등에서 자연스럽게 전해져 국민들의 공감대를 형성해 정해지는 경우가 많다.

국제법상의 상징성이 없기 때문에 국화가 지정돼 있지 않는 나라도 있다. 그 대표적인 나라가 미국과 영국이다. 대신 각 주州를 상징하는 대표 꽃은 있다. 반면 어떤 나라는 2개 이상의 국화를 상징적으로 가지고 있는 나라도 있다. 그리스는 황재비꽃·아칸더스·올리브, 뉴질랜드는 회화나무·목생고사리류, 스웨덴은 은방울꽃·구주물푸레나무, 스페인은 석류·카네이션, 일본은 벚꽃·국화 등이 있다. 또한 한 꽃을 여러 나라에서 국화로 지정한 국가도 있다. 카틀레야는 코스타리카와 콜롬비아, 해바라기는 페루와 러시아, 튤립은 네덜란드와 터키, 카네이션은 모나코와 온두라스에서 국화로 공용하고 있다.

꽃을 국화로 정해 쓰기 시작한 유래에 대해서는 분명하진 않지만, 19세기 중엽부터 꽃을 좋아하는 사람들이 왕실의 문장紋章이나 훈장, 화폐 등의 표상表象으로 쓰면서 자연스럽게 국화로 여기게 됐다는 것이 통설이다. 또한 국화로 지정된 배경을 가진 꽃도 있다. 스코틀랜드의 국화는 엉겅퀴. 엉겅퀴는 가시가 많이 달려 억세고, 모양 또한 보잘 것없지만 국화로 지정된 배경에는 그럴 만한 이유를 가지고 있다. 옛날 덴마크 바이킹족들이 스코틀랜드에 침입해 싸우는 도중 잠입한 덴마크 해적들이 그만 엉겅퀴 가시에 찔려 여기저기서 비명을 지르게 됐고, 그 소리를 들은 스코틀랜드 사람들이 모두 피신해 화를 면하게 됐다는 전설에서 유래돼 국화로 지정됐다.

많은 사람들의 생명을 구한 은인 역할을 한 꽃이 국화여서 더욱더 사랑받을 만한 자격이 있는 것 같다. 웨일즈 국화는 초창기에는 부추였다. 독특한 냄새를 가지고 있는 부추는 향신료로 손색이 없지만, 영국 사람들이 남을 비웃을 때 '부추를 먹는다Eat the leek'라는 말을 쓰기 시작하면서 수선화로 바뀐 예도 있다.

우리나라 꽃 무궁화Rose of sharon의 탄생배경은 다음과 같다. 이규보의 《동국이상국집》, 이수광의 《지봉유설》, 강희안의 《화암수록》 등에서 무궁화와 우리 민족문화의 깊은 관련성이 언급됐고, 특별히 일제시대 독립투사들이 무궁화와 일체화해 표현한 글들을 많이 남기면서 애국심을 불타게 만들었다.

1945년 해방과 동시에 국기가 법으로 제정되면서부터 국기봉이나 대통령 휘장에 무궁화가 그려지게 됐다. 주입된 애국심 때문일까? 나는 어려서부터 학교 화단에 심어져 있는 무궁화를 보면 신성하게 여겼고, 마음속으로 경례를 했던 기억이 떠오른다. 그만큼 상징적인 의미가 정신세계를 움직이고 있었다. 〈애국가〉나 〈어버이 은혜〉 노래는 전주만 흘러도 자연스럽게 눈시울이 붉어진다. 그 정도는 아니지만 무궁화 역시 가슴속에 오랫동안 남아서 내가 사는 나라와 마음의 고향 꽃이기에 더욱더 소중하게 다가온다. 무궁화 무궁화 우리나라 꽃. 삼천리 강산에 우리나라 꽃.

재미있는
꽃말과 속담

'사촌이 땅 사면 배가 아프다', '팀 프로젝트를 진행할 때 팀원 간 머리를 맞댄다', '성인이 돼 독립할 나이가 돼서도 부모님의 경제지원을 받을 때 등골을 빼먹는다', '장기자랑에 등 떠밀려 나온다' 등, 이 문장들에서 공통 비유로 사용되는 단어가 있다. 바로 신체의 일부분을 인용한 것이다. 신체를 비유해 일상에서 사용되는 말이 생각보다 많다.

무서운 장면을 볼 때 '간담이 서늘하다', 호흡이 잘 맞을 때 '손발이 척척 잘 맞는다'라고도 한다. 재미있으면서도 놀라울 정도로 적절한 비유를 사용한 것이 전혀 어색하지 않다. 이때 '갑자기 생각이 떠올라 무릎을 탁 친다.'

신체 일부를 생활용어에 빗대어 사용되는 말만큼이나 꽃을 비유로 하는 말도 많이 있다. 잔뜩 멋을 부릴 때 '꽃단장'이라고 하며, 직장에서도 가장 편한 직군을 '꽃보직'이라고 한다. 가상 피부가 곱고 화려한 나이를 '꽃다운 청춘'이라고 하는 말은 익히 많이 들어왔다. 앞으로의 행보가 어려움 없이 순탄하길 바라는 마음으로 '꽃길만 걸으라'고 응원한다. 심리적 불안과 압박의 어둡고 긴 터널을 벗어나 밝고 환한 세상으로 힘찬 발걸음을 내딛도록 '마음의 꽃을 활짝 피워주는 원예치료사'도 있다.

E.리스는 "말도 아름다운 꽃처럼 색깔을 지니고 있다"라고 했다. 꽃은 각각의 향과 빛깔에 맞는 꽃말을 가지고 있으며, 같은 꽃이라도 색깔에 따라 전혀 다른 꽃말을 가지고 있다. 꽃말을 다 외울 필요는 없을 것이다. 의미 있는 꽃 선물을 할 때나 원예치료적 접근을 통해 치료 목적을 이끌어내기 위해 꽃말을 적절하게 사용하고, 상기시켜주면 수업의 맛을 감미롭게 더해준다.

다음은 일반적으로 알아두면 유익한 꽃말과 재미로 보는 꽃 성격 테스트다. 너무 깊은 의미를 부여하는 것은 무의미하다는 것을 전제로 한다. 좋은 내용만 골라서 내 것으로 만들어 입힐 때 보석이 되기 때문이다.

꽃말이라고 해서 꽃처럼 다 아름답거나 희망을 주는 밝은 면만 있는 것은 아니다. 다음의 꽃말을 보고 아픔, 슬픔, 어두운 꽃말은 미리 알아뒀다가 꼭 필요할 때 상담과 치유 목적을 가지고 가끔 활용하면 좋은 처방전이 될 수 있을 것이다.

 꽃말

- 개나리 : 희망.
- 과꽃 : 나의 사랑이 당신의 사랑보다 깊습니다.
- 국화 : 성실, 의리.
- 다알리아 : 당신의 마음을 알게 돼 기뻐요.
- 데이지 : 겸손한 마음.
- 라벤더 : 침묵, 나에게 대답하세요.
- 물망초 : 나를 잊지 마세요.
- 미스티블루 : 청초한 사랑.
- 봉선화 : 나를 건드리지 마세요.
- 수국 : 변덕, 고집.
- 아네모네 : 사랑의 괴로움.
- 안개꽃 : 밝은 마음.
- 장미 : (빨간색)열렬한 사랑, (흰색)당신을 존경합니다, (분홍) 사랑의 맹세.
- 카네이션 : 자비로움.
- 코스모스 : 소녀의 순결.
- 튤립 : (빨간색)사랑의 고백, (노란색)헛된 사랑, (보라색)영원한 사랑, (혼합)미용.
- 팬지 : 나를 생각해주세요.
- 포인세티아 : 축복, 축하.
- 해바라기 : 동경, 애모.
- 프리지아 : 순결, 청초.
- 히아신스 : 슬픔, 추억.

꽃 성격 테스트

다음 6가지의 꽃 중 가장 마음에 드는 꽃을 선택하세요.

장미

다알리아

데이지

백합

아네모네

수선화

1) 장미를 선택한 당신
▶ 언제 어디서나 당당한 매력을 갖고 있습니다.

2) 다알리아를 선택한 당신
▶ 진지하고 다재다능한 인재입니다.

3) 데이지를 선택한 당신
▶ 천사처럼 밝고 순수한 마음을 갖고 있습니다.

4) 백합을 선택한 당신
▶ 관대한 애정을 갖고 있는 마음이 따뜻한 분입니다.

5) 아네모네를 선택한 당신
▶ 인정이 많고 매사에 성실합니다.

6) 수선화를 선택한 당신
▶ 인내심이 강한 노력가로 대기만성형입니다

6가지 꽃들이 모두 누구나 닮고 싶어 하는 좋은 성품을 가지고 있어 실망하는 사람은 없을 것이다. 꽃은 모든 사람들의 희망이며, 아름답게 피어 있는 자체로 존중받아 마땅하기 때문이다. 과학적 근거를 가지고 있지는 않지만, 많은 사람들에게 힘과 위로 및 자존감을 높여주는 메시지를 담고 있어 삶의 윤활유로 사용하면 좋겠다.

  속담이나 격언 등은 간결하게 표현한 관용구로 곱씹을수록 고소한 말의 향기를 느낄 수 있어 더 오래 기억되고, 보약처럼 꺼내 먹기 좋다. 우리 선조들 역시 꽃과 관련된 삶과 인생의 지혜를 제시했는데, 그 깊이는 서양의 철학자 못지않은 심오함을 던져주고 있어 원예치료 프로그램 현장에서 자주 인용하곤 한다. 다음 장은 예부터 내려오는 상황별 속담과 격언이다.

☀ 우리나라 속담 속에 핀 꽃

- 고운 꽃은 열매가 열지 않는다 : 외모로 판단하지 말 것, 미인은 자녀가 귀하다.
- 꽃이 시들면 오던 나비도 안 온다 : 권세가 당당한 집안도 망하면 사람들 발길이 끊긴다.
- 꽃을 탐내는 나비가 거미줄에 죽는다 : 여색을 탐하는 자는 화를 당하기 쉽다.
- 꽃이 향기로워야 벌 나비도 쉬어간다 : 고운 마음이 사람의 마음을 사로잡는다.
- 담 밑에 핀 꽃이다 : 누구든 쉽게 꺾을 수 있는 꽃으로 화류계 여인을 빗댄 말이다.
- 백 일 붉은 꽃 없고 천 일 좋은 사람 없다 : 행복도, 사랑도 영원하지 않다.
- 이웃집 꽃이 더 곱다 : 남의 떡이 더 커 보이는 것과 같은 의미다.
- 짚신에 국화 그리기 : 격에 맞지 않는 행동을 빗댄 말이다.
- 호박잎에 청개구리 뛰어오른다 : 아랫사람의 버릇없는 행동을 빗댄 말이다.
- 듣기 좋은 꽃노래도 한두 번이다 : 같은 말을 반복해서 듣다 보면 싫증이 난다.
- 꽃 본 나비요. 물 본 기러기다 : 자기가 가장 좋아하는 사람을 만났을 때 하는 말이다.

식물이 가르쳐준 삶의 지혜

제 4 장

식물은 살아남기 위해
끊임없는 생존전략으로 이겨내고 있다.
쉽게 좌절하거나 포기하지 않는다.
젊은 세대들에게 외친다.
N포란 포기의 숫자가 아니다.
N_{Nature}을 품은 세대, 'N품세대'가 돼야 한다.
자연_{Nature} 속에 답이 있기 때문이다.

N포세대에서
N품세대로

　'포기'란 김장철 소금에 절인 배추를 셀 때 하는 말이지, 힘들다고 중간에 그만두고, 아예 처음부터 시도조차 하지 않는 일이나 행동을 말할 때 쓰는 단어가 아니다. 지금까지 살아오면서 포기해본 일은 없나 자문해보니 나 역시 중도 포기하거나, 도전을 포기했던 일들이 하나둘 생각나기 시작했다. 그중 아직도 공포로 떠오르는 것이 수학이다. 요즘 말로 하면 나 같은 사람은 '수포자'다. 그런데 그냥 포기가 아닌 전략적 차원의 포기였지만, 어찌 됐던 수학을 내려놓고 학력고사를 봤다. 수포를 하게 된 이유와 변명은 분명했다.

　학력고사 세대인 나에게 국어, 제2외국어, 수학은 총 배점의 1/2을 차지할 정도로 비중이 높았다. 수학을 제외한 다른 과목은 안정권이었지만 수학은 언제나 반타작 수준을 면치 못했다. 시험은 다가오는데 여기에 쓸 에너지를 다른 곳에 집중하기로 했다. 물론 전략이었다. 물고 늘어져도 더 이상의 점수 향상은 기대하기 어려웠고, 시간적으로도 촉박했다. 결과는 기대 이상의 성적으로 만족했다. 마음 편하게 본 수학도 평소 모의고사보다 높게 나왔다. 하지만 성인이 된 지금도 수학만 생각하면 지레 겁을 먹고, 한없이 작고 초라해진다.

'수포'의 트라우마는 성인이 된 지금까지 나를 괴롭히고 있다. 아이가 "아빠, 이거 어떻게 풀어요?"라고 물어볼까봐 미리 자리를 피했던 시간들은 마음을 늘 가난하게 했다. 다행히 아이들은 나보다 수학을 훨씬 좋아했고, 생각보다 잘해줘서 고맙긴 하다. 이처럼 중간에 시도하다가 전략적으로 포기했어도 지금까지 심적인 압박으로 남아 있는데, 요즘 세대 젊은이들은 포기한 것도 여러 가지 이유로 많아 가슴 아프다.

시도해보지도 않고 지레 포기하는 요즘 세대를 일컫는 말로 삼포, 오포, 칠포도 모자라 'N포세대'란 신조어가 유행어처럼 퍼지고 있다. 삼포라 해서 삼천포 지역의 준말인가 했더니 연애, 결혼, 출산을 포기한다는 준말이란다. 그런데 '왜 그 좋은 연애를 포기하지?' 하고 생각해봤다. 요즘 청소년, 청년들의 삶을 돌아보니 그럴 수밖에 없겠구나 싶었다.

극심한 취업난으로 졸업과 동시에 취업은 옛말이 됐고, 입학할 때부터 취업 잘되는 학과와 학교를 선택한다. 부모나 학교 역시 방향을 취업에 맞춰 아이들의 진로를 안내한다는 말을 들었을 때 '과연 그 학생이 적성이나 재능에 맞는 또는 흥미 있는 직업을 갖게 될까? 그 직업과 취업현장에서 만족할 만한 능률과 성과를 낼까?'라는 의구심이 들었다.

　이제는 각 대학 홍보 문구도 바뀌었다. '취업에 강한 대학', '취업을 잘 시켜주는 대학'이란 슬로건을 가지고 수험생에게 어필하는 장면을 보면 역시 취업이 힘들긴 힘든가 보다. 취업이 안 되니 소득이 없고, 소득이 없으니 경제생활에서 자유롭지 못해 연애비용도 부담되는 것은 자연스러운 흐름이다. 결국 임시방편으로 시작한 아르바이트로 데이트 비용을 지출하기에는 너무나 큰 출혈임을 얼마 안 가 알게 될 것이다. 그래서 연애 포기, 안정된 직장 없는 이유로 결혼 포기, 설사 결혼했더라도 내 집 마련과 무서운 사교육을 생각하니 출산 포기 등, 여기저기서 포기의 아우성이 들린다.

　생계형 맞춤 프로젝트로 인생의 사이클을 위험하게 타고 있는 모습을 보니 어쩌다 여기까지 오게 됐을까 하는 안타까움이 생긴다. 설상가상 삼포의 충격이 채 가시기 전 오포가 등장했다. 삼포에 '인간관계', '내 집 마련' 포기까지 나타났다. 내 집 마련이야 대한민국 국민, 특히 대도시에 사는 사람들의 평생 꿈이 될 정도로 어렵다고는 이해되지만, 인간관계까지 포기하다니 이게 웬 말인가? 이러한 현실에 걱정이 앞선다. 조용히 남 눈치 안 보고, 내가 먹고살 정도만 가지고 검소하게 살아간다는 것인데 '인간은 사회적 동물'이라고 외친 소크라테스Socrates가 경을 칠 노릇이다. 더군다나 요즘 젊은이들은 친구나 지인에게 '비혼 선언'을 한다. 이는 다른 말로 나 결혼 안 할 테니 너 결혼할 때 나한테 청첩장 돌리지 말라는 암묵적인 선전 통보다. 결혼 축의금도 부담된다는 말이다.

여기에 더 놀랄 칠포까지 등장했다. 우리나라는 삼면이 바다여서 포와 만이 많이 형성돼 있다고는 하지만, 여기에 칠포라니 궁금해 알아봤다. 당연히 삼포, 오포를 포함하고 거기에 '꿈', '희망'까지 포기한다는 것이다. 너무 어둡고, 우울하다. 꼭 이렇게까지 해야 하나라는 안타까운 마음이 든다. 우리 선조들은 이보다 더 어렵고 힘든 과정에서도, 밟아도 뿌리 뻗는 잔디 뿌리처럼 이겨내고 극복해 여기까지 왔는데 이건 아니다. 정말 아니다. 삼포, 오포, 칠포 같은 용어 만들기를 중단하고, 삶의 전략을 다시 짜야 한다.

식물도 살아남기 위해 끊임없는 생존전략으로 이겨내고 있지 않은가? 우리 젊은 세대들에게 외친다. N포세대는 포기의 세대가 아니다. N^{Nature}을 품은 세대, 'N품세대'가 돼야 한다. 자연^{Nature} 속에 답이 있기 때문이다.

식물 중 괭이눈은 꽃모양이 고양이 눈을 닮아 이름이 괭이눈이다. 너무 초라해 노란 꽃이 눈에 보이지 않을 정도로 작았다. 그래서 곤충들이 찾아오지 않는 보잘것없는 꽃이지만 절망하지 않았다. 잎을 깎는 노력 끝에 노란 꽃이 피면 주변의 녹색 잎도 노란색으로 변해 마치 큰 꽃처럼 보여 곤충을 유인해 수정과 생식이라는 삶의 목적을 성공적으로 이뤘다. 어디 이뿐인가? 삼백초와 개다래 역시 작고 초라한 꽃을 보완하기 위해 꽃 필 무렵엔 주변의 잎들이 꽃처럼 하얗게 변해 '꽃가루받이'의 과업을 이루고 다시 녹색으로 돌아간다.

우리도 식물의 전략을 배우자. 절망과 포기는 마지막 열정을 불태운 후에 해도 늦지 않는다. 지레 겁먹고 포기하지 말자. 포기하기 선식물들의 삶을 가슴에 품어보자. 그리고 그들을 닮아가자. 삼백초와 개다래, 괭이눈 꽃이 목소리 모아 외친다.

"젊은이여, 자연을 마음에 품은 N품세대가 되거라!"

노랗게 변한 괭이눈 꽃의 잎

흰색으로 변한 삼백초

개다래 꽃

백년손님과
사위질빵 꽃

예부터 사위는 '백년 손님'이라고 했다. 사위가 오는 날에는 씨암탉을 잡아 극진하게 대접하던 장모의 마음은 일반적인 가정의 모습이었다. 또한 '겉보리 서 말만 있어도 처가살이는 안 한다'라는 가부장적인 생각이 지배적이었다. 하지만 시간은 흘러 디지털 시대, 4차 산업혁명 시대에 접어들었고, 산천을 제외한 모든 것이 바뀌고 변했다. 무엇보다도 의식과 가치관의 변화, 생각의 다양함을 존중하는 시대에 살아가고 있다. 하지만 사람들은 문화와 가치관의 변화로 혼돈 속에서 아직도 표류 중이다.

시어머니와 며느리의 갈등 관계인 고부관계, '시월드'라고 부르는 시대도 옛말로 변해가고 있다. 요즘은 그 반대말인 '처월드'가 새롭게 등장했다. 장인, 장모를 어머니, 아버지라고 친근하게 부르며, 아들처럼 대하고 행동하는 사위들도 많아 별반 이상하게 느껴지지 않는다. 그만큼 간극이 줄어들었다. 맞벌이 부부가 늘면서 아이를 장모에게 맡기며, 처가와의 사이가 더 친밀해졌기 때문인 듯하다. 아이들도 할머니보다 외할머니가 더 친근하며, 고모보다 이모와 허물없이 가깝게 지내는 것을 보면, 역시 아이는 성장과정에서 자주 접하고 마음을 받아주며, 이해하는 쪽으로 마음이 움직이는 것은 부인할 수 없다.

시대의 흐름에 따라 사회활동의 참여 분야도, 남녀의 경계가 없거나 모호해지는 것은 적극 찬성이다. 오히려 특정 분야에서는 성의 역역을 뛰어넘는 인재들이 많다는 것 역시 고무적인 현상이다. 사위와 장모, 시어머니와 며느리의 관계 역시 엄청난 변화와 속도로 바뀌고 있다. 사위를 '백년손님'이라고 부를 만큼 극진히 대했던 시대는 오래 전 이야기가 됐고, 오히려 일부 젊은 사위들은 처월드에 벌벌 떨며 고민 상담하는 것이 TV 오락토크쇼 프로그램 소재로 등장하는 것을 자주 봤다.

어렵고 멀게만 느껴지는 며느리와 시어머니의 관계도 많이 변해 격의 없이 친밀한 모습이 오히려 훈훈하게 보인다. 이제부터라도 시월드, 처월드, 시집살이, 처가살이 같은 말들을 내세워 서로의 관계를 이분법으로 나누지 않았으면 좋겠다. 형편과 처지에 따라 살아가면서 이해하고 존중하며 배려한다면 어느 곳에서 누구와 어떻게 살든 그곳이

평안한 가정이 될 것이다. 시대가 바뀌어 남녀 역할구분의 장벽도 많이 허물어졌고 앞으로 더 많은 변화가 예상되는데, '옛날에는 안 그랬는데 요즘 사람 이해 못하겠네…'라는 탄식만 한다면, 변하는 모든 것에 낯선 이방인이 돼 문화 부적응 표류자가 될 것이다.

버스 이동이 잦은 나는 얼마 전 고속버스 안에서 방송을 재미있게 보고 있었다. 〈백년손님〉이라는 프로그램이었다. 각 분야의 유명한 남자 게스트들이 나와서 각자의 처가에서 장인, 장모와 함께 생활하는 프로그램이었다. 처가가 농촌 아니면, 어촌이어서 마치 고향에 온 듯한 정겨움에 빠져들었다. 그런데 시간이 흐를수록 이해하기 힘든 장면들이 많이 나왔다. 물론 예능 프로그램이고, 제작진의 의도대로 흥미를 유발하기 위한 설정을 감안하더라도, 계속 보고만 있기에는 불편한 장면의 연속이었다. 사위를 일꾼 부리듯 함부로 대하는 장면이나 처음 해본 농사일을 가르쳐주지도 않고 동네 사람들 앞에서 우스꽝스럽게 망가지게 하는 장면, 함부로 내뱉는 장모들의 거친 말투는 불쾌감마저 느껴졌다. 돌아오는 길에 나만 이런 생각을 할까, 아들만 둔 내 생각이 너무 많이 개입돼 그럴까, 한 번 더 생각해봤지만 내 생각이 결코 틀리지 않았음은 지금도 변함없다.

사위도, 장인 장모도, 며느리도, 시어머니 시아버지도, 모두가 소중한 내 딸, 내 아들, 내 어머니, 내 아버지라고 생각한다면 존중과 이해와 배려를 바탕에 둬야 한다. 모두가 소중한 우리 가족이기에 안아주고 보듬어야 한다. 사위와 처가의 '더불어 행복한 삶'을 누리기 위한 원예치료 프로그램을 소개한다.

프로그램명 : 사위 사랑, 장모님의 리스 만들기.

- 대상 : 사위, 장인, 장모, 며느리, 시어머니, 시아버지.
- 준비물 : 사위질빵 꽃.

과정
- 사위질빵 꽃의 꽃이름에 대한 유래를 알아본다(사위질빵 줄기는 약해 조금만 힘을 줘도 쉽게 끊어진다. 장모는 사위질빵으로 지게 어깨끈을 만들어 귀한 사위가 무거운 짐을 지지 못하도록 했는데, 이렇게 장모 사랑이 담겨 있는 꽃이름의 유래를 들려준다).
- 긴 끈을 이용해 돌돌 감아가며 리스를 만든 후 주변에 계절 꽃을 장식해 마무리한다.

기대효과 : 사위(며느리)를 사랑하는 마음을 잘 담아 전해줌으로써 훈훈하고 끈끈한 가족 간의 유대관계를 만들어줄 수 있다.

고질병에서 고칠 병으로

우리나라의 대표적인 미인으로 꼽히는 탤런트 고소영 씨와 한가인 씨는 콧등에 점이 있는 게 공통점이다. 외모에 민감한 사람들의 입장에서 보면 그 점은 또 하나의 콤플렉스일 것이다. 그럼에도 불구하고 미녀 탤런트의 점은 오히려 연기자의 개성을 부각시키고, 여성의 매력을 한껏 뽐내게 하는 플러스 요인으로 작용한다. 한때는 너도나도 고소영 점을 붙이는 게 유행하기도 했으니 미인을 닮고 싶어 하는 사람들의 마음을 보여준다.

'점'으로 시작하다 보니 갑자기 점 하나 붙임으로써 글의 뜻을 완전하게 뒤바꾸는 단어들이 떠오른다. '불가능하다Impossible'에 점 하나 붙이면, 'I'm possible'로 완전히 반대 뜻이 된다. 우리말에도 점 하나에 엄청난 변화를 주는 단어가 있으니 바로 '고질병'과 '빚'이다. 이 두 단어에 점 하나씩 붙이면 '고칠 병'과 '빛'으로 전혀 다른 뜻이 된다. 이는 변화의 기적을 만들어내는데, 언어의 유희를 넘어 희망의 메시지로 감동을 주기에 충분하다. 비록 점은 아니지만 띄어쓰기 하나만 해도 글의 내용과 운명이 완전하게 뒤바뀌는 문구도 있다. 'Dream is nowhere'는 꿈은 어디에도 없이 온통 절망뿐인 것으로 해석할 수 있으나, 한 단어만 띄어쓰기해도 문장은 희망의 글로 바뀐다. Dream is now here. 이 얼마나 근사하고 멋진 말인가? 이러한 글들을 나열하면서 힘들고 지칠 때 붙여 보거나 띄어쓰거나 하는 변화를 줘 돌파구를 찾아야겠다는 지혜도 갖게 됐다.

식물 중에서도 변화를 통해 위기를 벗어나 살아가는 식물들이 참 많이 있다. 비록 띄어쓰기나 점을 붙여 완전히 다른 의미를 갖고 살아가는 사람과는 다르지만, 변화의 노력을 통해 절망하지 않고 돌파구를 찾아 살아가려는 노력 하나만큼은 우리도 배워야 한다.

대표적인 식물이 난초다. 난 꽃을 자세히 들여다보면 색상은 꿀점을 찍어 놓아 곤충을 유인하는 등대 역할을 한다. 모습 또한 벌이나 나비들이 좋아하는 암컷의 모양을 갖추고 있어 쉽게 접근해 수정을 돕게 만든다. 고질병이라 포기하지 않고 점 하나 찍어 '고칠 병'으로 변화해 살아가는 비밀을 식물은 오래전부터 알고 있었던 것이다. 힘들 때는 '점'을 찍자. 악보의 쉼표가 돼 숨을 쉬게 하는 생명의 점이 될 것이다.

아들, '부모님 은행' 없다!
'부모님 은혜'다!

극심한 취업난과 불안정한 구직으로 학업을 마치고 사회적으로 독립해야 할 장성한 자녀들이 부모 곁을 떠나지 못하고 함께 생활하는 '캥거루족'은 이미 보편화된 듯하다. 주변을 둘러보면 쉽게 볼 수 있는 흔한 현상이다. 오히려 불안정한 독립생활에서 발생되는 지출을 낭비로 생각한 부모들의 적극적인 권유도 한몫한다고 볼 수 있다.

나의 청년시절과 비교해 돌이켜 보면 많이 변화됐다. 대학 졸업과 동시에 취업해야 한다는 부담감은 예나 지금이나 똑같았다. 특히 지방에서 상경한 학생들의 자립은 무엇보다 절실했으며, 이런 상황들이 독립과 성공의 의지를 불태웠던 것 같다. 그래서 공부도 전투적으로 해서 좋은 학점을 받아야 했다. 부모님의 경제형편을 불 보듯 뻔히 알기에 장학금은 생명줄로 여겼다. 그때와 지금을 비교해 옳고 그름의 판단 잣대를 제시하자는 것은 분명 아니다.

 부모의 경제적 능력과 여건이 된다면 학창시절에 충분히 지원받아 부족함 없이 누리는 모습도 좋아 보인다. 그러나 부모의 지원기간이 졸업 후, 아니 심한 경우는 결혼 후까지 이어지는 모습에 대해서는 찬성하지 않는다. 이런 현상을 묵과한다면 졸업 후에도 자녀가 부모에게서 독립하려는 의지가 많이 약해질 것이기 때문이다. 설사 취업을 하더라도 근무 강도, 출퇴근 시간, 회사 동료와의 갈등 등을 이유로 참고 이겨내기보다는 쉽게 그만둔다. 돌아갈 든든한 백그라운드 부모가 있기 때문이다. 물론 요즘 청년들 모두가 그렇다는 이야기는 아니다. 하지만 이런 모습이 눈에 띄게 급증하고 있는 것이 사실이다.

 캥거루족에 이어 떠오르는 신조어가 있으니 바로 '부모님 은행'이다. 처음 빨리 읽을 때는 '부모님 은혜'로 착각할 만하다. '부모님 은행'이란 내가 급하고 필요하면 바로 찾아 쓰는 은행인데, 시중 은행이 아닌 바로 부모님이 대상이다. '부모님 은행'과 '시중 은행'의 차이점을 살펴보면 첫째, 예금한 돈이 없어도 인출 가능하다는 것이다. 시중 은행이야 당연히 예금된 범위 내에서 인출할 수 있다. 하지만 부모님 은행은 내 돈이 0원이어도 부탁하면 언제든 인출이 가능하다. 둘째, 번호

표를 뽑지 않아도 된다. 월말 은행창구는 공과금 납부며, 마감으로 한꺼번에 몰린 사람들로 번호표를 뽑아놓고 한참을 기다리는 반면, 부모님 은행은 "엄마, 아빠 여행 가는데 돈이 없어요. 지금 보내주셔야 해요. 그래야 예약합니다" 한마디면 바로 지원해주기 때문이다. 마지막으로 시중 은행에서 빌린 대출은 반드시 이자와 함께 갚아야 하지만, 부모님이 지원해준 돈은 당연히 갚지 않으며, 부모님 또한 자녀에게 상환 요구를 하지 않는다.

부모님의 자녀에 대한 무한 사랑의 의미와 가치가 변질되는 것에 대한 안타까움이 있다. 젊은이들이 언제까지 부모 곁에 머물며 '부모님 은행'의 혜택을 누릴 것인가? 부모 역시 결단이 필요하다. 자녀가 학업을 마치고 성인이 됐다면 과감하게 독립할 수 있도록 해야 완전한 성인과 성숙한 어른으로 사회의 구성원이 될 수 있기 때문이다. 여기서 독립이란 할 수 있다면 '생활 독립'까지 한다면 더 좋겠지만, 그렇지 못한 여건이라면 '경제적 독립'을 시켜줘야 한다. 즉 '부모님 은행'을 폐업 신고 하는 것이다. 독립이라는 과감한 결정에 주저하는 부모, 자녀들에게 탁월한 원예치료 프로그램을 소개한다. 누구나 한 번쯤 실천해보고, 그 효과를 누리길 바라는 마음이다.

프로그램명 : '부모님 은행'에서 '부모님 은혜'로의 전환을 위한 텃밭 가꾸기.

· 대상 : 대한민국 모든 부모, 자녀.
· 준비물 : 토마토 모종, 상토, 빈 상자, 꽃삽, 지지대, 끈.

과정
· 빈 상자에 상토를 채운 후 모종 이식할 곳을 파고, 그곳에 물을 준 뒤 토마토 모종을 이식한다(여기서 모종 전 미리 흙에 물을 주는 것은 심겨진 토마토 뿌리가 땅속으로 스스로 활착하도록 유도하기 위함으로 매우 중요하다).
· 만일 위에서 계속 물을 주면 뿌리는 굳건히 내리지 않고 주는 물만 받아먹어 뿌리가 나약하게 자라는 것을 주지시킨다.
· 지지대(부모) 역시 이식 후 2주 후에 해주는 것이 좋다. 토마토의 독립성을 위해서다(처음부터 지지대를 대주면 혼자 뿌리 내릴 생각은 접어두고 지지대에 의존하기 때문이다).
· 성장한 토마토가 튼실한 열매를 맺기 위해서는 곁순 따기를 해줘야 한다(줄기 과채류는 곁순을 따는 과정을 통해 좋은 품질의 과일을 수확할 수 있다. 이와 마찬가지로 자녀(곁순)가 줄기(부모) 곁에 하는 일 없이 붙어 있다면 과감하게 따줘야 한다. 결국 최상의 상품을 얻기 위함임을 인식한다. 식물인 토마토가 전하는 시사점이 참 많다. 독립을 위해 적극적인 노력이 개입돼야 한다는 사실이다).

기대효과 : 자연스럽게 자녀와의 합의된 독립을 통해 성숙의 과정을 알게 된다. 또한 자녀가 더 이상 '부모님 은행'을 기대하지 않고 독립을 준

비하고 실천하는 과정을 통해 '부모님 은혜'를 스스로 깨닫게 된다. '효 실천'은 마음껏 베풀어줄 때는 느끼지 못한다. 스스로의 삶을 개척하면서 고통과 시련을 만날 때 극복해가는 과정 속에서 성숙한 자녀가 된다. 나약한 자녀는 은혜의 성숙한 열매를 맺지 못한다는 것을 알게 된다.

편의점 많아
편리함 누리시는 당신에게

워낙 떡을 좋아해서 '떡보'라는 별명도 얻은 나는 찰지고 모락모락 김이 나는 떡집을 지날 때면 본능적으로 발걸음이 향한다. 내 손에는 어김없이 떡 담긴 검은 봉지가 들려 있다. 떡은 최고의 간식이며 기호품이다. 어릴 적 마실 가신 어머니가 떡을 한 움큼 가져올 상상을 하다가 잠든 적도 있다. 운 좋으면 '자다가도 떡을 얻어먹는다'라는 속담이 여기서 나온 것 같다.

떡에 대한 속담을 하나 더 말하자면 아주 쉬운 일을 뜻하는 것으로 '누워서 떡 먹기'란 말이 있다. 그러나 경험해본 사람들은 알겠지만, 누워서 떡 먹기가 결코 쉬운 일이 아니다. 오히려 목숨을 담보로 할 정도로 위험하고, 어려운 일이다. 그런데 왜 이런 속담이 구전돼 왔을까? 어려운 일을 포기하지 말라는 격려와 위로의 말을 하기 위해 친근한 떡을 소재로 삼았거나, 세상사 보이는 것처럼 '쉬운 일 하나도 없다'라는 뜻을 담고 있는 것일지도 모르겠다.

　얼마 전 갑자기 떡 생각이 나서 사무실 주변 상가로 나온 순간, 즐거운 고민을 하게 됐다. 과장하면 한 집 건너 한 곳에 떡집이 있었기 때문이다. 지척의 거리여서 선택의 기준은 먼저 간판과 내부가 깨끗한지를 봤고, 두 번째는 다양한 떡이 먹음직스럽게 진열돼 있는지를 살폈다. 마지막으로 떡집 주인의 인상이 좋은지도 봤다. 떡 하나 사는 데 뭐 그리 선택의 기준이 까다로울까마는 눈에 들어오는 떡집이 많다 보니 그럴 수밖에 없었다. 순간 여기가 떡 전문 상가인가 생각도 해봤지만 그건 아니었다.

　그런데 눈에 띄게 많은 것은 비단 떡집만은 아니었다. 미용실, 휴대전화 대리점, 고깃집, 카페, 치킨집, 분식집, 부동산, 편의점 등 동종업이 친근함을 가장한 적의 모습으로 나란히 어깨동무하며 붙어 있었다. 전문가도 아니지만 호기심 많은 나는 상권분석에 들어갔다. 유동인구와 세대수도 그렇게 많지 않은 지역에 유사상품 판매점들이 몰려 있다면 안정된 수입이 보장되는지 걱정됐다. 궁금하면 못 참는 성격은 관찰로 옮겨졌다. 출퇴근 또는 잠깐 오갈 때마다 그냥 지나치지 않고, 매의 눈으로 매장들을 들여다보게 됐다.

　몇 달 전 멋지게 리모델링한 카페는 일주일 동안 한 테이블에 2명의 손님이 앉아 있는 것을 봤고, 떡집은 언제나 그 자리에 그 모습 그대로 한산한 느낌을 받았다. 분식집 사장님은 의자에 앉아서 야구경기에 집중하는 모습을 보였고, 고깃집 사장님은 지나가는 사람들 한 사람 한 사람을 흥미롭게 내다보면서 눈인사 마케팅을 했다. 하지만 매출로 이어지는 것은 대형슈퍼마켓 외에는 모두 한산한 모습이었다.

얼마 전 부산 유명한 해수욕장 인근 빌딩에 '한 지붕 두 편의점'을 개설해 갑론을박했던 기사를 본 적 있다. 시장의 자유경쟁 체제하에 과연 법적으로 어떤 문제가 될까마는, 우리 국민의 정서는 아직도 인정과 도리에 더 많은 가치와 비중을 두는 듯했다. 후발 개설 편의점 본사를 질책하는 사람, 세를 놓아준 건물주를 비난하는 사람, 워낙 유동인구가 많은 곳이니 경쟁업체가 들어와 구매자 입장에서는 선택의 폭이 넓어 좋다고 찬성하는 사람들 등 각자의 의견이 토론의 장이 돼 댓글로 이어지는 모습을 봤다. 수많은 댓글들을 흥미롭게 읽어 보면서 나의 입장과 생각을 정리하려고 하니 생각보다 쉽진 않았다.

가까이 있어 우리 삶을 편리하게 해주는 편의점에 대해 생각해본다. 골목 슈퍼가 사라진 자리에 들어선 편의점들은 앞선 동네상가처럼 같은 고민을 안고 있을 것이다. 가까이 있어 편하고, 필요한 상품을 완벽하게 잘 갖춘 편의점인데 왜 속 편해 보이지 않을까? 우리의 편리함을 무기 삼아 자영업의 생계가 위협받지 않을까 하는 생각이 먼저 들기 때문이다. 24시간 동네 골목을 환하게 비추는 불빛 아래 사업주의 마음이 어둡고 상처 나지 않길 바랄 뿐이다. 역시 살아남기 위한 무한경쟁의 단면을 본 것 같아 기분이 씁쓸해진다. 그렇다면 식물들은 어떻게 살아갈까?

식물들 역시 살아남기 위해 끊임없는 경쟁을 한다. 광선을 더 많이 받기 위해 잎을 넓히고, 더 많은 물을 끌어들이기 위해 뿌리를 깊고 넓게 뻗는 경쟁은 경쟁자가 사라질 때까지 사활을 건 전투로 계속된다.

이런 가운데 동종 간 과잉경쟁을 지혜롭게 해결한 대표적인 식물이 대나무와 전나무다.

식물들 간 최초의 경쟁은 토양 속 충분한 영토 확장을 위한 뿌리 사이의 경쟁이며, 그다음은 충분한 공간을 확보해 많은 광선을 받기 위한 줄기와 잎의 전쟁이다. 경쟁 중 약하거나 불리한 위치를 차지한 식물은 결국 죽게 된다. 하지만 우리 상권 경쟁의 다툼처럼 오랫동안 지속되지 않는다. 두 나무는 시간이 흐르면서 경쟁의 강도가 약해졌고, 공존할 방법을 찾아냈다. 이는 나무 사이의 간격을 일정하게 이루고, 크기와 굵기를 같이하면서 공존의 균형을 이뤄가는 것이다.

우리도 공존의 방법을 찾아내야 한다. 그리고 이미 일정한 간격과 거리를 확보한 업체가 있다면 비집고 들어가지 않는 것이 서로를 살리는 최선의 방법이다. 대나무와 전나무가 경쟁 속에서 살아남기 위한 지혜로운 방법을 전해줬기 때문에 그들의 경쟁방식을 배우면 된다. 식물에 답이 있다.

나무도 아닌 것이, 풀도 아닌 것이

　내가 태어난 고향은 오지 중에서도 오지마을이다. 마을 입구에서부터 뒤쪽까지 길이 보이지 않을 정도로 온통 대나무밭이다. 멀리서 보면 마치 마을이 끊긴 것 같은 형상이다. 워낙 오지다 보니 한국전쟁 때도 인민군이나 국방군 모두 발길이 닿지 않아 화를 면할 정도로 천혜의 요새 같은 곳이다. 온통 대나무로 둘러싸인 마을이다 보니 소작농을 하는 주민들도 대나무를 이용한 대나무 소쿠리 만들기 같은 공예로 생업을 이어갔다. 5월이 시작되면 여기저기 쑥쑥 솟아오른 죽순을 뽑아

죽순요리를 해먹었던 추억도 새록새록 떠오른다.

중학교에 입학해 대나무에 관한 사자성어 우후죽순兩後竹筍이 나올 때는 얼마나 반가웠는지 모른다. 다른 친구들은 어떻게 생각했는지 몰라도 나는 뒤뜰에 솟아올라오는 죽순이 자연스레 연상돼 친근했다. 어머니 품 같은 대나무와의 교감은 성인이 된 지금도 정겨움으로 남아 있다.

대나무 소쿠리를 만드는 과정은 먼저 7~10m 이상 된 왕대를 대톱으로 벤 다음 잎들을 낫 뒷등으로 쳐낸다. 묵직한 칼대 가르는 특수용 칼을 이용해 튀어나온 대나무 겉 마디를 돌려가며 매끈하게 다듬어준다. 잘려진 밑동에 대칼을 대고 망치로 두어 번 두드리면 잘 익은 수박이 갈라지듯 쫙 하고 대나무가 양쪽으로 벌어진다. 쫙 소리는 고향에서 들은 독특한 효과음으로 각인돼 있다. 대나무가 양쪽으로 벌려진 때부터는 소쿠리를 만들기가 수월하다.

대나무는 벼과 대나무아과에 속한 외떡잎식물이기 때문에 잎맥이 나란히 맥을 띠고 있어 첫 부분만 갈라지면 일자로 쭉 갈라진다. 다시 반으로 잘라 4가지, 또 반으로 잘라 8가지가 된다. 8등분된 상태에서 튀어나온 속 마디를 대칼 등으로 살살 밀어주면 깨끗하게 다듬어진다. 이제부터 푸른 겉과 새하얀 속살로 분리하기 때문에 섬세한 칼을 이용한다. 다시 16등분, 32등분, 64등분까지 하면 대나무 소쿠리 재료가 완성된다. 김밥의 재료를 다듬어 김밥 만들 준비가 다 된 모양과 같다.

이제는 칼이 필요 없다. 16등분된 속살 몇 개를 중심축으로 삼아 64등분된 댓살로 엮으면서 바구니 형태로 만들면 된다. 대바구니 만드는 작업은 주로 아낙들의 몫이었다. 형태가 완성되면 칡넝쿨로 단단히 묶어 고정하면 끝이다. 단순한 것 같지만 상당히 많은 공정이 들어가며 긴 시간과 노동력이 필요한 작업이다.

이렇게 만들어진 바구니를 장날이면 20리 길을 머리에 이고 팔러 갔으니 무척이나 고된 노동이었다. 그나마 우리 동네만의 특화된 일자리 사업이었고, 돈을 만질 수 있는 좋은 통로가 됐으니 힘은 들어도 늘 감사했다.

대나무에 대한 유년시절의 추억은 늘 가슴을 설레게 만든다. 사각사각 대숲 바람이 일기 시작하면 장마를 예상했고, 겨울이면 눈 쌓인 대밭에 올가미를 설치해 운 좋게 토끼를 잡기도 했다. 하지만 가끔 철없는 강아지나 닭들이 희생제물이 돼 부모님께 혼나기도 했다. 어릴 적부터 노래를 즐겨 부른 나는 깊은 대나무밭에 들어가 목청껏 노래를 부르며 알아주지도 않는 실력을 뽐냈다. 간혹 기분이 우울하거나 마음이 편치 않을 때도 대나무숲은 나의 친구이자 위로자가 돼줬다.

이처럼 친근하고 익숙했던 대나무가 갑자기 어색해진 것은 대학에 입학한 뒤였다. 신입생 때 자기소개를 하게 됐고, 당연히 내가 나고 자란 시골마을 특산품인 대나무를 설명하면서 자랑스럽게 자기소개를 마쳤다. 그런데 옆에 있던 친구가 갑자기 "대나무는 나무가 아니고 풀이지?"라고 물었다. 나는 지금까지 의심 없이 봐온 대로 당연하게 "아니야. 대나무는 굉장히 키가 큰 나무야"라고 해박한 지식을 뽐냈다. 그 친구는 "아닌데. 풀과인데" 하면서 자신 있게 말하기에 고향의 명예와 자존심이 앞서 내기를 했지만 보기 좋게 한 방 얻어맞았다. 나는 태어나면서부터 나무로 알고 있었는데…. 억울하고 분하고 그것도 몰랐던 내 자신이 부끄러웠다. 암튼 이후로 대나무를 다시 보기 시작했고, 관심 있게 관찰하는 습관도 생겼다.

대나무에 대해 말할 때 사람들에게 잘 내는 나의 고향 사랑 퀴즈가 있다.

"대나무는 아주 높지요? 키 큰 대나무는 20m까지도 자라는데요. 대나무가 싹을 틔워 다 자라는 데까지 걸리는 기간은 얼마일까요?"

사람들은 대개 3년, 5년, 10년 등 다양한 답을 늘어놓는다. 하지만 정답은 2개월이다. 그러면 대부분은 놀라워한다. 하루에 40~50cm까지 자라나는 성장속도를 부연 설명하면 고개를 끄덕인다.

대나무는 속 줄기가 옆으로 뻗어 마디에서 뿌리와 순을 틔움으로써 자연 번식한다. 잎은 좁고 길다. 습기가 많은 땅을 좋아하고, 생장이 빠른 것이 특징이다. 대나무는 좀처럼 꽃이 피지 않지만, 필 경우에는 모든 대나무밭에서 일제히 핀다. 대나무의 꽃은 대나무의 번식과는 무관한 돌연변이의 일종으로 '개화병開花病' 또는 '자연고自然故'라고도 한다. 개화 시기는 3년, 4년, 30년, 60년, 120년 등으로 다양하며, 대나무밭 전체에서 일제히 꽃이 핀 후 모두 고사한다. 고산 윤선도는 〈오우가〉에서 "나무도 아닌 것이 풀도 아닌 것이 곧기는 뉘가 시켰으며 속은 어이 비었는가. 저렇게 사시에 푸르니 그를 좋아하노라"고 예찬했다.

옛 선인들도 대나무가 나무인지, 풀인지 팽팽한 의견 대립이 있었을 것이다. 나무와 풀의 기준이 되는 것은 '비대생장' 여부에 결정된다. 즉 형성층의 활동으로 해마다 줄기가 굵어지면 나무이고, 그렇지 않으면 풀인 것이다. 이렇게만 보면 대나무는 분명 풀이다. 그럼에도 불구하고 '나무'라고 부르고 싶은 대나무의 정체가 갈수록 궁금해진다.

사군자로 당당하게 자리매김한 대나무의 매력은 누가 뭐래도 곧게 뻗은 자태다. 이는 선비의 굴하지 않는 기상과 기개를 많이 닮고 있어 군자의 반열에 올랐던 것이다. 곧은 의지를 꼭 닮은 대나무를 이용한 원예치료 접근 프로그램을 소개한다.

프로그램 : 바른 마음 대통화분 만들기.

· 대상 : 초·중·고 학생, 아동, 청소년.
· 준비물 : 재활용 대통밥통, 다육식물, 상토, 라벨.

과정
· 대나무의 특징 중 바르고 곧게 성장하는 모습을 강조하면서 이야기를 나눈다(사군자의 의미 강조).
· 깨끗이 씻은 대통에다가 마사와 상토를 섞은 흙을 1/2 지점까지 채운다.
· 준비한 다육식물을 중심 잡고 세운 후 빈 공간을 흙으로 채우고 마사로 마무리한다.
· 변치 않고 오랫동안 실천할 수 있는 올바른 습관을 적은 후 다짐을 나눈다.

기대효과 : 대나무를 이용한 다양한 소재의 구성으로 창의력을 높여주며, 실천 가능한 바른 습관을 찾아 꾸준하게 실천할 수 있도록 독려할 수 있다.

같이 삽시다

　　　　　　　　　　　　　　황혼의 싱글 여배우들이 한 집에 뭉쳐 살기로 결정했다. 각자의 사연을 가지고 있는 이들은 연예계 선후배다. 그녀들의 인간적인 속사정을 통해 1인 노인 가구가 현실적으로 부딪히는 문제들과 그녀들만의 해법을 엿보는 프로그램인 〈같이 삽시다〉의 구성이다.

　대가족에서 핵가족 그리고 1인 가족으로의 가족 구성 형태의 변화는 계속되고 있다. 아파트 주거 인기 평수도 기존 30~40평대에서 이제는 20평대 인기가 꾸준하다. TV 드라마나 예능은 그 시대의 흐름과 상황이 그대로 반영되고 있어서 시간이 지난 후 역사나 다큐 자료로 활용된다.

　요즘 급격하게 늘어나는 독신 가족들은 과연 원하는 만큼 행복한 삶을 누리며 살아갈까 하는 생각이 들었다. 혼자이면 편할 것 같지만, 시간이 흐르면 결국 외로움을 느끼게 돼 있다. 그렇다고 더불어 살려면 여러 가지 불편한 점을 감안해야 한다. 혼자이면 외롭고, 함께라면 불편하기 때문이다. 함께 살면서 불편한 생활을 해결하려는 노력과 방법은 여러 각도에서 다양한 모습으로 진화되고 있다.

　취미가 같은 사람끼리 하는 동호회 활동, 마음 맞는 사람끼리 만들어 살아가는 타운하우스, 또 한 가족이지만 개인의 삶을 존중하면서 대가족이 함께 사는 땅콩하우스, 한 집에 4~7명 정도 생활하는 셰어하우스 등 혼자 살기에는 외롭고 불편한 점을 극복하기 위한 전략들이 계속되고 있다. "모름지기 사람은 부대끼며 살아야 정들지!"라고 말하는 사람들과 자신만의 공간을 가지고 마음껏 자유를 누리며 사는 삶이 진정한 힐링 라이프라고 생각하며 사는 사람들이 있다. 각자 다른 생각과 방법으로 취사선택해 살아가는 방법은 존중해줘야 한다고 생각한다. 그러나 공통적인 것은 어떠한 주거방식을 선택하든 최종 목적은 더 잘살고 행복한 삶을 누리기 위한 것이다. 이런 삶의 방식은 식물을 통해서도 볼 수 있다. 다양한 형태로 더불어 사는 식물의 지혜를 담아본다.

1) 공존식물

생육시기를 변경해 경쟁을 피하며 살아가는 지혜로운 식물들이 있다. 사람과 마찬가지로 식물도 같은 장소, 같은 공간에 두 식물이 함께 자란다면 경쟁은 피할 수 없게 된다. 즉 수세를 늘려 경쟁식물의 자리를 뿌리로 밀쳐내며 영역을 확보하는 '땅속 전쟁'을 하는 것이다. 이를 현명하고, 지혜로운 방법으로 상대 식물에게 상처를 주지 않고도 살아가는 식물이 공존식물이다.

공존식물의 전략은 두 식물이 사는 시기나 계절을 달리해 물과 무기양분 그리고 공간의 이용에 제약을 주지도, 받지도 않기 때문에 오히려 오랫동안 서로가 잘 살아가는 방법이다. 대표적인 식물이 잔디와 함께 잘 자라는 할미꽃, 서양민들레, 고들빼기 식물이다. 이들의 삶의 전략은 간단하다. 조금 더 부지런을 떨면 된다. 잔디가 자라기 전 한 발짝 앞선 이른 봄에 먼저 자라 꽃을 피우고, 생을 마무리하기 때문이다. 얼마나 지혜로운가? 생육시기를 차별화해 같은 장소를 공유할 뿐 아니라 공생할 줄 아는 기지를 발휘한 것이다. 무한 경쟁의 삶을 사는 우리에게 한 수 가르쳐주는 고마운 식물이다. 경쟁을 통해 이겨냄으로써 극복하는 방법도 있지만, 서로에게 상처를 주지 않고 모두 함께 잘 살아가는 방법인 것이다.

공존하는 방법 중 또 하나는 층상구조를 달리해 살아가는 것이다. 숲속을 들어가 보면 쉽게 알 수 있다. 안정되고 평화로운 숲속은 맨 아래 '초본식물 층', '떨기나무 층', 그 위에 '중 키 나무 층', 그리고 맨 위 층에는 '큰 키 나무 층'으로 다양하게 구성돼 있다. 식물들이 광합성 활동을 위해 모두 층을 높여 큰 키 나무 층으로만 이뤄진다면 건강한 숲은 만들어지지 않을 것이다. 초본식물, 잡목 등이 우거져 곤충과 동물들의 먹이와 보금자리를 제공해주고, 이들의 먹이사슬을 통해 생태계는 선순환 구조를 이루기 때문이다. 또한 초본식물 층이 든든하면 장마나 홍수 그리고 태풍에도 서로를 끈끈하게 지지해주기 때문에 재난을 극복할 수도 있다.

층상구조는 숲으로 들어오는 광선의 양을 분배함으로써 공존을 가능하게 한다. 즉 지표에 가까울수록 적은 광선으로도 충분히 살아갈 수 있는 양보와 배려심 깊은 음지식물들이 있기 때문이다.

어느 사회구조나 지상낙원과 무릉도원이 아닌 이상, 계층으로 이뤄져 있어 계층 간의 갈등과 대립은 피할 수 없다. 여당과 야당, 부유층과 중산층, 사용자와 노동자 등, 이러한 대립은 타협과 양보 없이는 평행선을 달릴 것이다. 또한 대립과 갈등은 해결과정을 통해 조금씩 발전되고 개선되는 효과도 있지만, 고통과 상처는 각자의 몫으로 가지고 있어야 한다. 이럴 때 층상구조를 달리하며 공존하는 숲의 생태계를 생각해보면 답을 찾을 수 있을 것이다. 앞서도 말했지만 식물을 보면 답이 보인다.

2) 공생식물

우리는 살아가면서 혼자서 다 해결할 수 있을 것 같고, 다른 사람의 도움이 필요 없을 것 같지만, 하나하나 살펴보면 보이지 않는 도움의 손길을 누리며 살아간다. 서로가 서로에게 도움을 줄 때 우리는 아름다운 사회라고 부른다. 남에게 선행을 베풀고 도움을 주는 행동을 '이타적 행동'이라고 하며, 반대는 '이기적 행동'이라고 한다. 이기적인 행동은 식물이나 인간 모두 생명의 본질이며, 본능이다. 그렇기 때문에 갈등을 빚고 충돌을 하는 것이다.

식물 중에서는 악어와 악어새처럼 공생관계를 맺고 사는 식물들이 많이 있다. 대표적인 식물이 '콩과식물'과 '뿌리혹 박테리아'의 공생관계다. 콩과식물의 뿌리에 붙어 있는 뿌리혹에는 뿌리혹 박테리아가 있다. 이 뿌리혹 박테리아는 공중질소를 고정해 콩과식물에게 부족한 질소화합물을 공급해주고, 보답으로 콩과식물은 탄수화물을 뿌리혹 박테리아에게 보내준다. 그래서 콩밭에는 질소비료를 뿌려주지 않아도 된다. 만약에 질소비료를 주게 되면 뿌리혹 박테리아의 임무가 필요 없어 죽게 되고, 그 결과 잎만 무성해 콩의 생산량이 줄어든다. 우리 몸도 자정작용으로 이뤄지고 있는데, 지나치게 많은 영양분을 섭취하면 비만하게 되고, 다른 질병을 유발하는 것과 마찬가지다.

야생난초와 난균의 공생방법도 우리 삶에 적용하면 유익하다. 야생난초는 향과 꽃색깔 그리고 모양이 특이해 귀한 대접을 받고 있으나 치명적인 약점이 있다. 번식에 불리한 '씨젓이 없는 작은 씨앗'을 대량 생산한다는 것이다. 씨젓은 씨눈이 발아해 뿌리를 내리고 잎을 내어 독립적으로 살아갈 때까지 사용하는 최소한의 양분이다. 그러나 다행히도 야생난초는 난균과 친분을 맺어 공생하기 때문에 번식하는 데 아무런 지장이 없다.

야생난초와 가까운 토양에 터를 잡은 난균의 균사는 난초의 씨앗을 파고들어가 양분을 공급해준다. 보답으로 난초는 광합성으로 생산한 포도당을 난균에게 제공한다. 이 둘의 철저한 공생관계로 생명이 유지되고, 우리는 아름다운 난의 향과 꽃을 감상할 수 있는 것이다.
　그 어느 때보다 공존과 공생이 필요한 지구촌 사람들이 한 번쯤 식물의 삶을 교훈 삼는 것이 필요한 때다. 식물은 같이 살아가는 지혜를 남겨준다.

　"같이 잘 삽시다!"

나만의 소확행을 찾아서

'행운'과 '행복' 중 어느 것을 선택할 것인가? 순간 당황할 수 있는 쉽지 않은 질문이다. 둘 다 취하고 싶은 것이 우리들의 마음이며, 욕심이기 때문이다. 슬라이드 그림을 보여주면서 "네 잎 클로버와 세 잎 클로버 중 무엇을 선택하시겠어요?"라고 하면 많은 사람들이 주저 없이 네 잎 클로버를 선택한다. 나도 이런 질문을 받는다면 쉽게 네 잎 클로버를 선택할 것이다. 하지만 그다음으로 꽃말을 이어가면 결코 선택이 쉽지 않다는 것을 알 수 있을 것이다. 이미 잘 알려진 네 잎 클로버는 '행운', 세 잎 클로버는 '행복'이라는 꽃말을 가지고 있기 때문이다. 그래도 행운을 선택한다면 후회 없도록 지지해주고 행운이 늘 함께하길 응원해준다. 그런데 행운과 행복이란 꽃말의 배경을 설명하면, 다시 행복으로 추가 기울어지는 것을 자주 본다.

네 잎 클로버는 눈에 잘 띄지 않는다. 나폴레옹이 전투 현장에서 네 잎 클로버를 발견하고 신기해 꺾으려고 고개를 숙이는 순간, 총탄을 피해 살게 돼 '행운'이란 꽃말을 갖게 됐다. 하지만 이 네 잎 클로버를 찾기 위해 주변에 무수히 많이 피어 있는 세 잎 클로버는 눈길도 주지 않을 뿐더러 짓밟고 다니는 것이 우리의 모습이다.

꽃말과 대입시켜 보면 소소한 일상의 행복은 귀한 줄 모르고, 잡을 수 없는 무지개처럼 멀리 떨어진 행운만을 열심히 뒤쫓아 헤매고 있다는 것으로 재해석해도 과장은 아닐 것이다.

일본 작가 무라카미 하루키むらかみはるき의 수필집 《랑겔한스섬의 오후》에 등장하는 말로, 작지만 확실한 행복을 뜻하는 '소확행'이 트렌드로 떠오르고 있다. 우리는 이러한 소확행을 자주 많이 발견하고, 누려야 삶의 질이 높아질 것이다. 하지만 소확행을 공유하는 것은 쉽지 않다. 개인의 취향에 따라 너무도 다른 행복을 느낄 것이기 때문이다. 낚시를 좋아하는 사람은 낚싯대를 손질하는 과정에서, 산악 라이딩을 좋아하는 사람은 거친 호흡과 흘리는 땀방울에서, 책 읽는 것으로 행복을 누리는 사람은 책 넘기는 소리를 통해 무한 행복을 만끽할 것이다. 소확행을 찾아 누리는 사람은 축복받은 사람임에 틀림없다.

다행히 나는 꽃과 식물을 통해 소소한 행복을 누린다. 다른 사람들에 비해 빨리 발견했고, 누리며 감사함으로 즐길 줄 알게 됐다. 또 디른 일상의 즐거움은 좋아하는 프로 야구경기 하이라이트와 댓글 검색, 커피 맛이 좋은 곳을 찾아 차분하게 즐기는 티타임, 그리고 길가에 홀로 폈지만 당당한 모습으로 눈길을 사로잡는 이름 모를 꽃들을 감상하며 지극히 평범하고 사소한 곳에서 행복을 누린다. 이런 나만의 소확행을 공개하는 것이 조금은 부끄럽기도 하지만, 민낯에 더 가까울수록 소확행을 발견하고, 이뤄갈 확률이 높기 때문에 가감 없이 밝힌다. 자칫 이런 소소한 행복을 밝히는 순간 소확행에서 멀어질 수 있다는 생각도 든다. 반면 소확행은 끝이 없고 수시로 변할 수 있기 때문에 새로운 소확행을 발견하는 것은 그리 어렵지 않아 그나마 다행이다.

쉽게 발견되지 않는 네 잎 클로버를 이용한 공예품이 인기몰이 중이다. 네 잎 클로버를 이용한 목걸이, 열쇠고리, 명함케이스, 라이터 등 일상 공예품을 만들어 판매하는 행운 마케팅이 관심을 끄는 것을 보면, 네 잎 클로버는 누구나 갖고 싶고 함께하고 싶은 것 같다.

1970년대 새마을운동 시절, 각 마을 입구에서는 돌에 새겨진 네 잎 클로버를 쉽게 발견했다. 녹색으로 새겨진 네 잎에는 지·덕·노·체의 새마을정신이 진하게 각인돼 있었다. 지식Head, 품성Heart, 근면Hand, 건강Health을 뜻하는 머리글 네 글자다. 네 모퉁이의 안정된 꽃잎을 보면서 균형 있는 삶을 배웠을 것이다. 4H는 균형이다.

균형 잡힌 삶에서 발견할 수 있는 소소한 기쁨을 통해 잔잔한 행복이 오랫동안 머물 수 있다면 좋겠다. 행복이 머무는 동안 행운이 꼬리를 물고 따라오는 경우가 훨씬 많기 때문이다. 지금 서 있는 그 자리에서 발견된 나만의 소확행을 행운으로 받아들이면 된다.

감성에 민감하라

신호에 민감한 재미있는 식물이 있다. 콩과에 속하는 '미모사'가 대표적이다. 영문명 역시 'Sensitive plant'로 감각적 기능이 뛰어난 식물이다. 잎을 건드리거나 자극을 주면 움츠러들고, 아래로 늘어진다. 키가 30~40cm 정도 자라고, 가시가 나는 관목이며, 움직이는 모습이 흥미로워 한 번씩 만져본다.

잎은 양치류 잎처럼 생겼으며, 꽃은 연보라색으로 작은 공 모양이다. 열대지역에 널리 퍼져 있는 잡초이지만 온대지역에서도 귀화식물로 자라고 있으며 온실에 심기도 한다. 조금만 건드려도 재빠르게 반응하는 것은 잔잎과 잎자루의 밑부분에 있는 특수세포에서 수분이 빠르게 방출되기 때문이다.

　이렇게 미모사가 반응하는 이유는 세포 팽압이 떨어지기 때문이며, 세포 팽압을 조절해 움직이면서 자기방어와 광합성 조절 역할을 충실하게 수행하고 있다. 혹자는 너무 민감한 반응을 보여 오히려 사람들에게 괴롭힘을 당하지 않느냐고 할 수도 있겠다. 하지만 주변 반응에 민감함으로써 다가올 더 큰 재난과 위기에서 한 걸음 먼저 피하거나 대비할 수 있는 대응체계를 마련할 수 있다.

　부끄러운 고백이지만 1년에 1번 정도 교통위반으로 범칙금을 납부하곤 한다. 주로 신호위반이나 불법유턴, 아니면 고속도로에서 규정 속도 위반이다. 과속을 범해 카메라로 촬영된 고지서를 볼 때면 순간, '아, 또 방심했구나' 싶다. 가능한 범칙금은 바로바로 납부한다. 개인적으로 아쉽거나 안타까운 것은 불법유턴의 유혹에 빠질 수밖에 없도록 도로 구조를 만든 곳에서 단속되는 것이다. 순간의 편리함을 위해 인내심을 버리고 유턴을 하면서 설마 이곳에는 없겠지 하고 부드럽게 유턴하는 순간, 매복 중인 단속 경찰이 반갑게 손을 흔들며 환영한다.

　처음에는 '아, 오늘 기분 별로다'인 감정에서 시작해 수용단계로 가는 데는 긴 시간이 필요하지 않다. 사무적 말투로 눈 하나 껌뻑임 없이 조목조목 위반사항을 설명하는 경찰을 볼 때 얄미운 생각도 든다. '비겁하게 안 보이는 곳에서 은폐하고 있다가 제대로 낚인 어리석은 운전자를 보며 쾌재를 부르고 있구나'라는 속마음을 읽어낼 때 더욱 그렇다. 하지만 명백히 위반한 사람은 운전자 나 자신이기에 깨끗하게 승복하고 내 실수를 인정한다.

운전 중 마음이 진정되면 다시 한 번 위반상황을 그려본다. 그것은 '재수 없는 것이 아니라 큰 사고를 막아준 예방 주사였구나'라는 생각이 들며, 감사의 마음을 갖게 된다. 그래, 불법유턴 하다가 갑자기 반대편에서 자동차가 달려들어 큰 사고라도 났으면 어쩔 건데… 이만한 게 천만다행이지 싶다. 그리고 다짐한다. 좀 늦더라도 천천히 교통질서와 신호는 반드시 지키리라. 물론 1년이 지나면 또 한 건의 우편물이 배달돼 오겠지만 그 이후로는 조심하게 된다.

더불어 교통 경찰관에게 감사함을 느낀다. 더 큰 사고를 예방하기 위한 사인에 민감하게 반응할 수 있는 감각을 줬기 때문이다. 사람들이 멀리하고 싶은 곳 세 가지를 든다면, 병원과 경찰서 그리고 법원일 것이다. 꼭 필요한 곳이지만 개인적으로 엮이고 싶지 않은 기피 기관임은 분명하다. 그곳에 가고 싶어 가며, 연루되고 싶은 사람이 얼마나 될까? 이런 세 기관이 있음으로 더 큰 불행을 막아주고, 오히려 평안한 삶을 누리게 해준다고 생각하는 사람은 그리 많지 않을 것이다.

병원은 사고를 당하거나 몸이 불편하면 찾게 되는 곳이다. 우연하게 받은 건강 검진을 통해 악성 질병의 징후를 발견했다면, 초기치료로 더 큰 병의 진행을 예방하니 고마운 일이다. 경찰서나 법원 역시 민형사를 막론하고, 규범과 사회질서를 잡아주는 기준이 된다. 그나마 법이 있어 도덕회복 탄력성을 높여주니 이 또한 감사하지 아니한가? 설사 자신도 모르게 위법해 법의 처벌을 피할 수 없게 됐을 때 그 이후부터는 법의 테두리 내에서 자유롭게 생활하며, 더 큰 죄에서 멀리 피할 수 있도록 재난 예방 사이렌을 듣게 되는 것이다.

짙은 먹구름 속 한두 방울 내리기 시작한 빗방울을 보면서도 폭우를 예상하지 못해 홍수의 재앙을 맞거나, 도로의 작은 싱크홀을 대수롭지 않게 생각하는 안일함으로 대형 교통사고를 당하는 일, 마음이 아픈 사람의 작은 외침을 귀담아 듣지 않아 그 사람을 절망으로 떨어뜨리는 일 등 조금만 주의를 기울이면 예방할 것을 키우고 키워 돌이킬 수 없는 큰 재앙으로 만들어가는 것이다.

엄청난 인명 피해나 대형사고가 아니고서는 별로 큰 반응을 보이지 않는 무뎌진 우리의 감성을 이제는 깨워야 한다. 미리 알려주는 신호를 경고음으로 받아들이는 자세가 선행돼야 한다. 수십 번 생각해도 안타깝고 가슴 아픈 세월호도 침몰의 신호를 무감각으로 받아들여진 참사다. 인재人才는 인재人災를 미리 막는 사람이다. 이제는 사인에 민감할 때다.

가능성의 날개를
활짝 피우는 밀 싹

지구에 대해 연구한 지질학자들의 연구논문에 의하면 지구의 신선한 물 가운데 3%만이 강과 호수를 이루면서 지구 표면에 드러나 있고, 나머지 97%의 물은 거대한 지하 창고에 숨겨져 있다고 한다. 인간의 능력 또한 마찬가지다. 현재 우리가 발휘하고 있는 에너지는 불과 3%에 지나지 않고, 나머지 97%는 우리 내면에 잠재돼 있는데 대부분의 사람들은 3%만 사용하고, 생을 마감한다.

《갈매기의 꿈》 저자인 리처드 바크(Richard Bach)는 "인간은 태어날 때 대리석과 그것을 연마하는 데 필요한 도구들을 가지고 태어난다. 일생

동안 그것을 다듬지 않고, 끌고 다닐 수도 있고, 자갈로 만들 수도 있으며, 어떤 사람은 멋진 조각품으로 만들 수 있다"라고 말했다. 분명한 잠재능력과 가능성이 있음에도 불구하고, 실패를 반복하면 포기하는 우리들의 삶을 되돌아볼 수 있다.

야구도 9회 말 투아웃 이후 얼마든지 역전승이 가능하다는 것을 많은 경기에서 봐왔다. 스포츠도 인생도 드라마다. 늘 반전이 우리를 기다리는데, 그 순간을 참지 못해 낙망하고 넘어지는 약한 모습을 보여서는 안 되겠다. 무한한 가능성과 잠재력을 식물에 비유한다면 '씨앗'을 들 수 있다. 씨앗 중에는 싹이 조금 늦게 나는 씨앗도 있다. 마치 죽은 것처럼 땅에 버려졌는데 이듬해 빼꼼히 고개를 내밀어 희망의 가능성을 일깨워준 씨앗들도 많이 있다. 《바디 바이블》의 저자 이창우 박사는 "어느 순간 우리나라에 '가능성'과 '희망'이란 단어가 실종되고 있으며, 가능성보다는 팩트를 이야기하고, 희망이란 말을 하면 '희망고문'이라고 하며 현실을 왜곡한다"라며 비관적인 시각에 대한 우려를 보였다.

우리는 지하에 숨겨져 있는 물을 비상시 얼마든지 퍼 올려 쓸 수 있다. 마찬가지로 우리 삶에 어려운 위기가 닥치고, 시련과 고난의 바람이 불어올 때 우리 내면에 숨겨진 그 무한한 능력을 삶의 표면에 끌어올려 쓸 수 있어야 한다. '희망고문'으로 치부하지 말며 희망의 끈을 잡고 '가능성의 기회'를 잡도록 노력해야 할 시기다.

도시농부 수업 중 수경재배 실습으로 밀 싹 틔우기 실습을 했다. 밀을 하루 정도 물에 불린 후 용기 바닥에 거즈를 깔고, 밀을 촘촘하면서도 붙어 있지 않도록 떼어 놓는다. 그리고 스프레이를 충분하게 한 다음 다시 거즈로 덮어둔다. 3~4일이 지나면 밀의 싹이 올라오기 시작한다. 싹이 발아할 즈음에는 강한 에너지가 필요하기 때문에 열기를 내며 뚫고 올라온다. 싹이 1cm 이상 올라오면 거즈를 벗겨내고 광합성 작용이 잘되도록 햇볕을 충분하게 쬐어준다. 싹이 연녹색에서 짙은 녹색으로 변화되는 과정이 신기하기만 하다.

밀 싹은 베어내어 믹서에 꿀이나 우유 등과 함께 갈아 먹으면 훌륭한 녹즙음료가 된다. 부침개를 해 먹어도 색다른 맛이 난다. 밀 싹은 섬유질이 풍부해 변비에 좋을 뿐 아니라 다이어트 식품으로 손꼽힌다. 항산화 물질, 항암작용 효과, 칼슘성분 역시 풍부해 뼈 골밀도를 높여줘 뼈 건강에도 도움을 준다고 하니, 최고의 보약으로 손색없다. '슈퍼푸드 밀 싹' 기르기를 하면서 이들이 보여준 '포기 없는 가능성의 도전'에 감동을 받게 된다.

영원히 싹 틔우지 않아 죽은 것처럼 보인 씨앗들이 갈라진 자리를 틈타 새 힘을 얻어 쑥쑥 자라는 모습은 우리가 포기하지 말아야 할 이유를 보여준다. 더욱더 놀랍고 감동적인 것은 세상의 빛을 보지 못한 채 땅으로 버려진 밀들이 이듬해 추위를 이기고 당당하게 피어나는 모습이다.

작은 씨앗 하나도 생명의 싹을 간직한 채 끈질기게 도전하며, 살 수 있다는 1%의 가능성만 있어도 최선을 다하는 모습을 우리는 본받아야 할 것이다. 날개는 활짝 펴야 창공을 나를 수 있다. 이제는 '희망고문'이란 말의 칼날을 접어둬야 한다. '희망날개'를 활짝 펴고 창공을 날아야 한다. 지금 접고 있는 희망날개는 희망고문이 아닌, 먼 여정을 위해 잠시 접었을 뿐이라는 것을 기억하면 좋겠다.

독특하게
그러나 성공적인
원예치료 프로그램

제 **5** 장

막연한 미래를 불안해하고 걱정하는 것은 자동차가 어두운 터널에 갇혔는데 걱정만 하며 어둠 속에서 탈출하지 못하는 것과 같다. 근심 걱정은 어둡고 긴 터널이다. 일단 달려 나가야 산다. 빛이 보이는 곳으로 달리면 목숨은 건지며, 탈출한 후의 일은 그때 생각해도 늦지 않는다. 걱정에 휘말려 하루하루를 불안 속에 살아가는 현대인에게 '안심인형'을 이용한 원예치료 프로그램을 적용해본다.

'갑질' 하면
갑갑하게 만들어줍니다

사전적 의미의 '갑질'이란 갑을관계에서의 '갑'에 어떤 행동을 뜻하는 접사인 '질'을 붙여 만든 말로, 권력의 우위에 있는 갑이 권리관계에서 약자인 을에게 하는 부당행위를 통칭하는 개념이다. '질'이란 접사는 부정적 말을 강조할 때 어김없이 쓰이는 익숙한 말이다. 도적질, 삿대질, 순악질 등 생활 속에서 부정적인 의미를 가득 담고 있다. 평범하고 긍정적인 단어에도 부정을 강조하고 싶으면 '질'만 붙이면 된다. 선생님이나 마을 이장이 제 소임을 제대로 못하거나 옳지 않은 행동을 할 때도 '질'이라는 접사를 붙이곤 한다.

요즘 우리 사회는 '갑질'의 행태에 온통 분노로 가득 쌓여 있다. 이렇게 사회적으로 공감을 형성한다는 것은 앞으로 갑질을 더 이상 참거나 방관하지 않고, 사회악으로 간주해 뿌리 뽑음과 동시에 '갑질'이란 단어가 사라질 것이라는 기대감도 갖게 한다.

대한항공 '조현아의 땅콩회항 사건'과 자매 '조현민의 물컵 던지며 막말'에 이어지는 시리즈 3편이 등장했다. 주인공은 그들의 어머니 '이명희 씨의 조경 공사현장 및 운전기사에게 대한 갑질'이었으며, 이는 사회적 공분을 불러일으키기에 충분했다. 군대 내 장교와 부하, 연예계 소속사와 지망생, 체인점 본사와 가맹점, 논문 지도교수와 대학원생, 이른바 블랙 컨슈머Black Consumer라 부르는 진상고객의 갑질 등은 우리 사회에 골고루 깊숙하게 스며들어 악의 뿌리로 정착되고 있다. 갑질을 굳이 영어로 표기하자면 Power Trip 권력 과시 또는 Overuse Power 권력 남용로 표현되지만, 우리가 사용하는 갑질을 전달하기에는 어색하고, 많이 부족하다. 'Gapjil'로 표현해야 시원하게 전달된 느낌이 온다.

악습문화인 갑질은 대물림된다는 것이 더 심각한 문제다. 우리나라 갑질의 특성은 상대적이다. 상대보다 비교적 힘이나 권력, 지위가 높으면 나이, 성별을 떠나 이뤄지고 있다. 상대적으로 사회적 지위가 낮은 자들을 향해서는 지배의 경향을, 자신보다 지위가 높다고 생각하는 사람들에게는 양보의 미덕을 사용한다. 지배와 양보는 서로 이질적인 것처럼 보이지만, 결국 상대방의 지위를 통한 적절한 개입으로 조절과 완충작용을 이용한 해결도구로 사용된다고 보며, 결국은 '지위를 이용한 자리 매김 형성' 후 갑질행동은 길들여진 듯 익숙한 모습으로 시작된다. 결국 갑질문화는 대기업이나 힘 있는 권력자만의 것이 아닌, 남녀노소를 막론하고 상대적인 힘의 우위를 가지고 지배하려고 하는 문화로 살며시 정착했다는 것이다.

'문화'란 더 이상 현실의 삶과 일치하지 않을 때 변하고, 사용하지 않는다. 이는 더 이상 한국 사람들이 갑질을 정당화하지 않고, 인정하지 않는다는 말이다. 요즘 갑질에 대한 '을'의 반란과 사회적인 공분을 봤을 때 이제는 '갑질문화'라는 단어와 'Gapjil' 용어가 영원히 사라지길 염원한다.

위에 소개한 것처럼 갈등해결방식을 설명하면서 '갈등'이라는 용어를 생각해본다. '갈등'의 어원은 칡 갈葛과 등나무 등藤의 합성어다. 두 나무 모두 콩과 덩굴식물이다. 이는 주변에 기둥이 될 만한 나무가 있기만 하면 감고 위로 올라가는 식물인데, 감기는 방향을 자세히 살펴보면 칡덩굴은 시계 반대 방향오른쪽 감기으로 올라가고, 등나무 줄기는 시계 방향왼쪽 감기으로 올라가는 습성을 갖고 있다. 만약 두 나무가 함께 나무를 타고 올라간다면 얼기설기 휘감겨 꼬인 실타래처럼 도저히 풀 수 없는 문제로 남게 돼 갈등의 골은 시간의 흐름에 따라 더 깊어지고 커지게 된다. 칡과 등나무의 관계처럼 서로 얽혀 풀기 힘든 관계를 '갈등관계'라고 부른다.

'갑질문화 청산을 위한 원예치료 프로그램'을 진행한다면, 갈등에 등장하는 식물인 '칡'과 '등나무'를 실내에서 적용하기에는 현실적으로 한계가 있다. 그러므로 실내에서 키울 수 있는 덩굴성식물호야, 아이비, 트리안 등과 타고 올라가기 좋은 식물개운죽, 스투기, 율마 등을 예쁜 화기에 혼식한다. 여기서 '갑'이 되는 식물은 '기둥 역할 식물'이 되며, '을'이 되는 식물은 '덩굴식물'로 표현하면 된다.

적용방법은 '갑'이 되는 식물을 중심에 심어 놓고, 주변에 '을'이 되는 넝쿨식물로 장식해 표현하는 것이다. 그러면 '갑'의 횡포를 묵묵히 참고 견뎌온 '을'의 반란이 시작된다. 뿌리줄기를 이용해 '갑'의 몸을 칭칭 감고 올라가 결국은 '갑'의 목을 조이며 광합성을 못하게 만들어 쓰러뜨린다. 이 과정을 감정 이입해서 생동감 있는 진행으로 연결한다.

이는 하나의 식물 심기 이상의 깊은 메시지를 담고 있다. 이 프로그램이 주는 메시지는 '갑'이라 생각하던 사람들에게 잔잔한 울림으로 오랫동안 남게 될 것이다. 깨달음을 얻은 '갑'이 '을'을 배려하고 더불어 살아야겠다는 마음가짐을 갖게 만들면 원예치료사가 의도한 치료 목적은 이미 달성한 것이다. 누구든지 '갑질 하면 갑갑하게' 만들어주는 원예치료의 놀라운 효과를 적용해보길 권한다.

추천 적용 대상

기업 임직원, 군 장병 인권 교육, 공무원 연수원, 학부모 연수, VIP 고객.

중독이 불꽃 돼

의학용어 사전에 의하면 중독이란 '유해물질에 의한 신체 증상 중독과 알코올, 마약과 같은 약물 남용에 의한 정신적인 중독을 동시에 일컫는다'라고 돼 있다. 일상에서 연상되는 중독 하면 떠오르는 단어는 알코올 중독, 마약중독, 도박중독이다. 실제로 우리 주변에 알코올이나 도박에 중독돼 개인과 가정이 파괴되는 뉴스를 많이 접하고 있다. 그중에서 도박이나 마약은 유명 연예인, 세간에 알려진 인사들이 포함돼 등장하는 것을 보게 된다.

하지만 중독의 종류는 이 외에도 생각보다 많다. 인터넷중독, 쇼핑중독, 섹스중독, 심지어 일중독Workaholic 등 건강한 일상생활을 방해하며 걸림돌이 될 때 중독이라는 용어를 사용하니 그 범위는 제한이 없다. 크레이그 네켄Craig Nakken은 《중독의 심리학》에서 '중독'에 대해 다음과 같이 정의했다.

먼저 인력으로 어쩔 수 없이 변화되는 행복감을 통제하려는 시도이자, 가장 근본적인 수준에서 행복에 대한 갈망을 통제하고 충족시키려는 노력이다. 또한 물질이나 행동과 맺는 비정상적인 관계라고도 말했다.

중독이 정서적인 논리에 근거한다고도 했는데, 이는 중독자가 친밀함의 욕구를 충족시키기 위해 물질이나 행동과 정서적인 관계를 맺는 과정으로도 설명했다. 많은 중독자들이 이러한 관계 맺기를 통해 정서적인 유대나 친밀감을 느끼지 못하는 것을 잘 알면서도 반복적인 행동을 통해 정서적인 친밀감 요구를 충족시키려고 한다.

이러한 내용과 연관시켜 보면 중독에 빠진 원인은 쉽게 연결 지을 수 있다. 인간은 가족과 친구, 보다 높은 영적 존재, 자아, 공동체 등에 의존한다. 그런데 이 네 부류의 관계를 형성하지 못하면 다른 관계에 의지하고, 그럴 때 중독이 개입되는 것이다.

우리는 다양한 인간관계에 의해 살아가는 사회적 동물이다. 지지받고 싶은 욕망, 사랑받고 싶은 마음, 인정받고 싶은 마음을 갖고 있지만, 관계에서 소외되고 나약한 마음 때문에 스스로 관계를 연결하지 못해 제대로 자리 잡지 못한 벽돌로 남게 될 때 중독에 빠지기 쉽다는 것이다. 여기서 중독이 무서운 이유는 자신의 인생만 파괴하는 것이 아니라 관계된 사람들의 인생까지 도미노식 파괴 현상을 보인다는 것이다. 크게 보면 담벼락이라는 단단한 인간사회가 삐져나온 벽돌 하나 때문에 금이 가고 결국 허물어지는 원리다.

내 의지에 의해 중독된 행위를 그만해야지 하면서 멈출 수 있다면 얼마나 좋을까? 하지만 내 의지대로 통제될 수 없기에 대책과 치료가 필요하며, 더 중요한 것은 중독의 원인을 알아내 사전 차단하고 초기 진압하는 것이 무엇보다 우선일 것이다. 네켄이 중독의 원인을 잘 설명해줬기 때문에 우리는 건강한 인간사회관계망 형성에 적극 개입해야 한다. 그리고 제도적인 시스템과 지원이 요구된다.

예를 들면 차별금지법, 사회단절용어 사용금지, 인권교육, 건강한 소통문화 프로젝트 등이 될 것이다. 나는 중독이 무조건 나쁘다고만 생각하지 않는다. 중독이 폴리스 라인만 넘지 않는다면, 인생에 활력소 역할을 하는 부스터Booster가 될 것임을 확신하기 때문이다. 일할 때 시간과 분량을 정해놓는다면 최고의 성과를 기대할 것이며, 공부 역시 흥미를 더해 분야의 최고가 될 것이다.

방어 기재 중 '승화'를 잘 활용하면 된다. 다만 중독의 경계선을 넘지 않아야 된다는 전제조건이 있다. 중독이 삶의 불꽃으로 승화된다면 삶은 늘 축제일 것이다. 중독 대상자를 위한 원예치료 프로그램도 신선하며, 효과 역시 탁월하다.

알코올중독 재활집단을 대상으로 진행할 수 있는 원예치료 프로그램 적용방법을 소개한다. 알코올중독자의 특징은 타인의 말이나 의견은 무시하고 걸러내며, 본인에게 도움 안 되는 잔소리로 생각한다.

그러나 같은 동료, 즉 알코올중독자들 간에는 서로의 속마음을 터놓기 때문에 이런 심리를 이용해 '알코올중독자 자조모임 A.A^{Alcoholics Anonymous}'를 만들어 운영하며, 실제로 상당한 효과를 보고 있다.

프로그램명 : 다육이의 눈물을 닦아 주세요.

목표 : 다육식물에 매일 물 주기 활동을 통해 지나치면 부족한만 못하다는 것을 깨닫게 하고, 알코올중독의 해로움을 스스로 인지하고, 중단할 수 있도록 한다.

· 대상 : 알코올중독 자조모임 A.A(Alcoholics Anonymous).
· 준비물 : 다육식물, 화분, 상토, 물조리개, 네임펜, 네임보드.

과정
· 다육식물의 이름과 특징을 소개하면서 별칭을 지어준다.
· 화기에 상토를 이용해 다육식물을 식재하고 마사토로 마무리하며 주변을 정리한다.
· 지은 별칭을 네임보드에 적은 후 소감을 발표한다.
· 다육식물을 창틀에 놓고 습관적으로 '매일 물 주기'를 약속하며 실행한다.

기대효과 : 다육식물은 과습에 약하다. 매일 반복적이고 습관적인 물 주기 활동을 통해 다육식물이 무르고 썩게 되는 과정을 생생하게 관찰하게 된다. 이는 습관성 알코올 흡입 과정의 최후 결과를 스스로 인지하게 되고, 단주 결심을 할 수 있도록 도와준다.

역할극
〈콩가루 집안과 콩나물 가족〉

사람들이 살아가는 사회는 수없이 많은 갈등의 연속이다. 갈등의 골은 인간관계를 단절시키며, 사기를 떨어뜨려 업무의 효율성을 감소시킨다.

강의 주제 중 '갈등해소를 통한 직무능력향상'이란 강연을 할 때, 갈등의 해소방안을 제시하기 전 김건모의 〈핑계〉 가사 일부분을 부르며 시작한다.

"내게 그런 핑계 대지 마. 입장 바꿔 생각을 해봐. 니가 지금 나라면 넌 웃을 수 있니."

쉬운 리듬과 가사로 사람들의 귀에 익숙하기 때문에 교육 집중 효과도 제법 크다. '입장 바꿔' 생각하는 것이 갈등해소의 제1원칙이라면, 제2원칙은 비슷하지만 거꾸로 생각해보는 것이다. 다음 글씨를 거꾸로 읽어본다. '자살'을 거꾸로 읽으면 '살자', 우연하게 만난 '인연'을 거꾸로 읽으면 '연인', '내 힘들다'를 거꾸로 읽어 보면 '다들 힘내'라는 응원 메시지가 된다. '입장 바꿔 생각해보고, 거꾸로 뒤집어 생각하면' 갈등의 해결방법을 찾을 수 있다.

원예치료 프로그램을 진행할 때도 참여와 집중을 유도하기 위해 역할연기Role-playing를 접목하면 기대 이상의 효과가 있다. 역할연기란 일상생활에서 사람의 여러 역할을 본 따서 연기하는 극을 말한다. 이 역할극은 대사나 줄거리를 정하지 않고, 연기하는 사람의 자발성과 창조성에 따라 진행하며, 개인 또는 집단의 사회적 적응을 향상하기 위한 치료 및 훈련방법으로써 이미 정신, 심리상담에 많이 이용되고 있다.

유용하게 활용하고 있는 창작 역할극 중 하나인 〈콩가루 집안과 콩나물 가족〉이 있어 소개한다. 가족 간 갈등이 깊거나 부모 자녀 또는 부부 간의 대화가 단절된 사람들을 대상으로 진행하면 효과를 볼 수 있다. 등장인물은 3명엄마, 아빠, 자녀이면 충분하다. 미리 진행될 대사를 알려주면 당황하지 않고 편하게 자발적인 참여가 가능하며, 대사는 최대한 1~2마디 정도로 마쳐야 어렵지 않게 진행된다.

배경
1) 퇴근해 소파에 앉아 TV를 보는 아빠.

2) 부엌에서 설거지하는 엄마.

3) 거실을 오가며 게임 흉내를 내는 중2 아들.

상황

거실 한가운데 놓인 컵에는 물이 반쯤 담겨 있다. 여기까지는 콩가루 집안이나 콩나물 가족 모두 동일한 조건으로 시작된다. 먼저 콩가루 집안 연기를 시작한다. Q 사인을 주면 뛰어다니는 아들이 그만 물컵을 발로 차고 넘어뜨려 바닥에 물이 쏟아진다. 이를 본 아빠가 말한다.

아빠 : (아이를 몰아세우며) "넌 도대체 눈을 어디에 달고 다니냐? 빨리 치우지 못해?"

아들 : "에이 씨, 누가 물컵을 바닥에 놨어?"

(아들은 씩씩거리며 사라진다. 분이 덜 풀린 아빠는 설거지하던 엄마를 향해 한 마디 한다.)

아빠 : "당신은 물 먹었으면 제발 좀 치워. 애가 발로 차 엎어졌잖아? 애들 교육을 어떻게 시킨 거야?"

(엄마는 이때 물기 묻은 손을 흔들며 흥분한 상태로 나타난다.)

엄마 : "당신은 손이 없어? 발이 없어? 애가 물을 흘렸으면 먼저 닦아야지 뭐해요?"

(이어 방으로 들어간 아들을 향한 비난의 폭격이 시작된다.)

엄마 : (분한 감정을 쏟아붓듯) "야! 넌 하라는 공부는 안 하고, 왜 똥 마려운 강아지마냥 왔다 갔다 하고 그래? 밥 먹었으면 방구석에서 공부나 하고 있지.

그리고 숙제는 다 했어?"
(이때 아들은 방문을 더 세차게 닫고, 〈에라, 모르겠다〉 노래를 크게 틀면서 막을 내린다.)

　출연자 세 명이 앞으로 나와 "우리 가족을 닮지 마세요. 우리는 콩가루 집안이랍니다"라고 인사하며, 역할극을 마무리한다. 웃고 있지만 뭔가 '이건 아니다', '정말 너무하네'라는 분위가가 형성되면 성공한 케이스다.
　이번에는 똑같은 출연자가 똑같은 상황에서 펼치는 콩나물 가족의 대사다. 거실을 뛰어가다가 그만 물이 담긴 컵을 발로 찬 아들을 보고 아빠가 말한다.

아빠 : "괜찮아? 많이 아프겠다. 다친 데는 없어? 아이고, 내 아들. 아빠가 진작 치웠어야 하는데 미안하다."
아들 : "괜찮아요. 아빠. 다음부터는 뛰어다니지 않고 조심히 다닐게요."

(아들은 옆에 있는 걸레를 가져다가 바닥의 물을 닦기 시작한다. 부엌에서 설거지하던 엄마는 상황을 인식하지 못한 채 걸레질하던 아들을 보며 말한다.)

엄마 : "아들, 오늘도 엄마 도와줘서 고마워."
아빠 : "아, 거실을 지나가다가 물 담긴 컵을 그만 엎질렀지 뭐예요."
엄마 : "에구, 이런. 엄마가 드라마 보면서 먹다가 그만 치우지 못했는데 미안해요."
아빠 : "뭘요. 내가 먼저 봤을 때 치웠어야 하는데 내 잘못이지요."
엄마 : "아니에요. 다음부터는 미리 치울게요. 아들, 미안해!"
아들 : "엄마, 아빠 죄송해요."
아빠 : (엄마와 아들을 양손으로 안으며) "아이고, 사랑스러운 우리 가족."

프로그램명 : 우가소(우리 가족을 소개합니다).

· 준비물 : 가족 픽토그램, 플레이트, 플로랄 폼, 생화, 장식소품.

과정
· 가족 픽토그램을 만든 후, 플레이트에 플로랄 폼을 채운 후 적당한 위치에 고정한다.
· 픽토그램 주변에 다양한 꽃과 잎, 나무 소재로 정원을 장식하며 꾸며준다. 행복하고 평안한 가족의 분위기를 함께 꾸민다.

기대효과 : 가족의 장점을 발견하고 지지해주면서, 가족이라는 든든한 지지자가 있음을 통해 심리적 안정을 가져다줄 수 있다.

술술 풀리는
실타래 인간관계

용서, 관용, 너그러움, 이해, 배려 등 아름다운 단어들은 자꾸 꺼내 사용하고 싶은 말들이지만, 마음속에 맴돌 뿐 쉽게 행동으로 옮겨지는 데는 많은 시간과 용기가 필요하다. 새롭게 또는 매일 만나는 사람들 속에서 기대가 실망으로 변하거나 좋은 이미지가 흐려져 호감에서 비호감으로 변하는 관계들의 일상이다. 오늘의 동료가 내일의 적으로 나타나기도 하고, 평생 안 볼 것 같은 만남도 우연한 계기로 인해 둘도 없는 협력자가 돼가는 것이 인생이며, 인간관계인 것이다.

스트레스 제공자는 멀리 있는 코펜하겐 시장이나 브라질 아마존강

밀림의 원주민이 아니다. 직장생활, 사회생활, 가족관계 등 늘상 접하는 아주 가까운 사람들에게서 받는 관계선물이다. 그렇다고 피해 살아갈 수 없는 것이 현실사회 구조다. 피할 수 없다면 즐기듯 내가 실천하고 있는 원만한 인간관계 유지방법을 소개한다.

먼저, 눈높이를 낮춘다. 기대가 크면 실망도 크다는 원리와 똑같다. 기대치를 낮추면 모든 것이 이해되며, 감사의 마음이 생겨 좋아 보이며 호감을 느끼게 된다. 두 번째 방법은 '불구하고' 법칙이다. 약속시간에 늦은 사람을 보면 차가 없음에도 불구하고, 대중교통을 이용해 와준 것을 감사하며, 미흡하게 처리된 업무를 보면 바쁜 일정에도 불구하고 이만큼이라도 해준 것에 대한 감사를 느끼면 부족한 부분들이 보이지 않게 된다. 마지막 세 번째 방법은 '안전거리 확보'다. 연애할 때 멀리 있으면 보고 싶고, 가까이 있어도 헤어지고 싶지 않다. 그러나 그런 마음이 평생 간다면 이런 인간관계에 대해 걱정하지는 않겠지만, 늘 그랬듯 유통기한에 허물어진다. 가까운 인간관계는 밀착상태를 유지하기 때문에 시간의 흐름에 따라 벗겨지고, 얇아진다. 벗겨지고 얇아진 관계는 조금만 날카롭거나 예리한 것에도 상처 받기 쉬워지며, 그 상처 또한 깊고 오랫동안 남게 돼 결국 본능적으로 두꺼운 방어벽을 쌓게 된다.

고속도로 주행 시 안전거리 확보는 돌발상황 대처를 가장 민첩하게 해 사고를 예방하거나 최소화한다. 인간관계의 안전거리는 마음의 상처를 주지도, 받지도 않는 심리적 거리와 물리적 거리를 잘 지켜주면 평생 친구이며, 동반자와 지지자로 오랫동안 남게 될 것이다. 이러힌

원칙을 지키며 살려고 해도 순간 방심으로 한두 가지가 어긋나는 경우가 종종 발생한다. 우리 모두는 불완전한 사람이기 때문이다.

완벽하지 않아 늘 꼬여가는 인간관계를 회복시키기 위한 원예치료 프로그램을 소개한다.

프로그램명 : 털실을 이용한 철재 프레임 꽃꽂이.

목표 : 복잡한 인간관계로 받은 상처를 치유하며 회복시켜준다.

· 대상 : 성인 전 연령.
· 준비물 : 털실, 철재 네트, 워터픽, 컬러타이, 다양한 생화나 식물.

과정
· 실 뜨개 마술을 보여주며 복잡하고 풀지 못한 인간관계도 사랑, 이해, 용서 배려의 명약을 바르면 쉽게 풀릴 수 있다는 것을 보여준다(엉킨 털실을 풀게 하는 방법도 병행하면 효과 있다).
· 털실(가능한 수면사)의 부드러운 촉감과 철재의 차갑고 딱딱한 상반된 느낌을 갖게 하면서 철재 위에다가 부드러운 수면사를 덧입혀준다.
· 중간중간 워터픽을 타이로 단단하게 묶어준 후, 워터픽 안에 절화(생화)나 수생 가능 식물(개운죽, 아이비, 스킨답서스, 호야 등)을 심어준다.
· 마무리로 털실을 풀고 감는 동안 생각나는 사람, 용서하고 싶은 사람이 있다면 솔직하게 나누고 지지해준다.

기대효과 : 차가운 느낌이 있는 사각형의 단단한 프레임은 결코 용서하

지 못하고, 이해되지 않을 것 같은 경직된 마음을 보여준다. 하지만 부드러운 털실로 감싸는 동안 허물을 덮어주며 용서하는 과정으로 자연스럽게 연결된다. 경직된 사각프레임 속에 싱그러운 녹색식물과 화려한 꽃 장식은 굳게 닫힌 마음을 한층 부드럽게 만져주고, 이해의 폭을 넓혀줘 원만한 인간관계를 만들어준다. 원만한 인간관계의 형성 법칙에 특별한 비법은 없다. 굳게 닫힌 마음을 녹여줄 부드러운 수면사만 있다면 마음의 빗장은 쉽게 열릴 것이다. 거기에 꽃을 더하면 그 속도는 배가될 것이다. 꽃은 언제나 옳기 때문이다.

머리에서 가슴까지
거리를 좁혀주는 원예치료

　　세계에서 가장 큰 라면은 바다가 육지라면이다. 그렇다면 우리 신체 구조 중 서로 가장 멀리 떨어져 있는 기관은 어디일까? 정수리에서 발바닥일까? 물론 자로 정확하게 측정하면 그렇겠지만, 심리적인 거리를 포함한다면 '머리에서 가슴까지'가 가장 긴 거리가 아닐까 싶다.

　　머리로는 이해되는데 가슴으로 공감하고, 진심으로 받아들이는 데까지 심리적 거리는 측정 불가한 거리가 될 수 있기 때문이다. 그런데 인생을 후회 없이 그리고 잘살았다고 생각하는 사람들, 즉 성공적인 삶을 살아온 사람들일수록 그 거리는 훨씬 짧다. 성공한 사람들의 특징은 좋은 것에 즉각 반응하고, 개선하는 실천의지가 뛰어난 것을 볼 수 있다. 실수로 인해 사과해야 할 일은 주저 없이 진실된 마음으로 사과하고, 용서를 빈다. 사랑하는 사람에게 마음속의 사랑이 아닌, 표현하고 보여주는 적극적이며 후회 없는 사랑도 나눌 줄 안다. 비즈니스든, 인간관계든, 머리로 이해함과 동시에 가슴으로 느끼는 순간에 즉시 행동으로 옮기면 절반의 성공이다. 성공하고 싶거든 머리와 가슴의 거리를 좁혀라.

시니어 부부 행복특강 중 '꽃보다 부부'라는 주제로 시리즈 강연을 한 적 있다. 60대 후반부터 70대 후반까지의 부부 10쌍이 대상자였다. 적게는 40년, 많게는 50년 이상을 부부의 연으로 맺어 살아온 분들이어서 내심 기대했다. 강의가 다른 강의보다 활기 있고 생동감 넘칠 것이라는 믿음 때문이었다.

하지만 첫 시간부터 이분들이 부부가 맞나 싶을 정도로 냉랭한 기운이 흘렀다. 혹시 내가 '노인 부부 클리닉' 강의장에 잘못 들어왔나 착각할 정도였으니 말이다. 여성 어르신들은 대부분 참석했지만, 배우자인 남성 어르신들은 절반만 참석하셨다. 강의 진행 중 남편들 몇 분이 자리를 메우자 왜 늦었냐는 듯 눈을 흘기는 여성 어르신들의 모습도 보였다. 다른 남성 어르신은 아기마냥 "왜 떼어놓고 당신 먼저 왔냐?"라고 핀잔을 주는 모습도 보였다. 대략 난감했다. 노인 부부는 표현과 소통에는 걸음마 수준이었다.

이분들의 관계를 성숙 단계로 끌어올리기 위해 부부 애정 확인 게임, 소통퀴즈 등 묘약을 서빙하자 분위기는 핑그빛 모드로 바뀌었다.

마지막 회기에는 '스투키'라는 식물을 예쁜 화기에 옮겨 심은 후 배우자에게 꼭 전하고 싶은 메시지를 적는 시간을 줬다. 그냥 적으라면 쉽게 적지 않지만, 예쁜 식물을 빨리 갖고 싶은 마음에 경쟁이라도 하듯 어르신들은 빛의 속도로 써 나갔다. 물론 그동안 말로 못한 고마움, 미안함 그리고 위로의 말을 적는 것을 규칙으로 세웠다. 그런 다음 배우자의 눈을 지그시 5초간 바라보며, 진실된 마음을 담은 글을 읽고, 화분을 선물하는 과정으로 진행했다. '반드시 배우자의 눈을 바라보며 쓴 글을 읽는 조건'임을 강조했다.

먼저 남성 어르신부터 시작했다. 역시 예상했던 일이 벌어졌다. 글을 읽는데 속도가 빨라지는 것은 물론, 아내의 눈을 전혀 마주치지 못하셨다. 하지만 반복 사인을 줬다. 그동안 두 손을 꼭 잡고 지그시 바라보며 "사랑해요", "고마워요", "당신 덕분입니다"라는 말을 해본 적은 물론, 들어본 적 없는 분들이다.

연습이 필요했다. 극단적인 예를 들면서까지 자극을 줬다. 결국은 남성 어르신 10분이 과제를 말끔하게 수행하셨다. 기대한 것처럼 여성 어르신들은 반복 없이 한 번에 완수하는 능력을 보여주셨다. 강의 말미에 한 남성 어르신이 손을 번쩍 들고 이런 말씀을 하셨다.

"내 마누라가 고맙고 사랑스러워요. 머리로는 알겠는데 왜 그리 표현하기가 어려운지 몰랐어요. 남북 통일 만큼이나 어렵네요."

어르신은 묵은 숙제를 다 해버린 어린아이처럼 해맑게 웃으셨다.

남성 어르신 대부분은 마음속 무거운 바윗덩어리를 해치운 모습으로 연신 행복한 표정을 보이셨다. 물론 원예활동, 즉 식물을 이용해 닫힌 마음을 빨리 열어주고 치유 목적에 부합되게 의도적인 프로그램을 진행한 결과이긴 하지만, 진행하는 나 역시 가슴이 시원했다.

그 이후 변화는 상상에 맡긴다. 어르신들이 두 손 꼭 잡고 문을 나서는 모습만 오래도록 기억에 남아 있다. 머리에서 가슴까지의 거리를 좁히는 방법은 연습과 노력뿐이니 매일매일 반복하시라는 숙제를 남기고, 기분 좋게 마무리했다. 돌아오는 내 발걸음도 덩달아 춤을 추고 있었다.

걱정 마요!
그대, 나의 안심인형

"행복한 가정은 모두 모습이 비슷하고, 불행한 가정은 모두 제각각의 불행을 안고 있다."

세계적인 대문호 톨스토이Tolstoy의 《안나 카레니나》의 첫 문장이다. 절로 고개가 끄덕여지는 문구다. 행복한 가정을 들여다보면 하나의 단어로 귀결된다. 바로 '덕분에'란 말이다. "우리 아들 덕분에 오늘 많이 웃었네", "엄마 덕분에 맛있는 거 많이 먹을 수 있어요", "당신 덕분에 우리 가정이 든든합니다." 하지만 불행한 가정은 '때문에'라는 단어를 입에 달고 산다. "너 때문에 내가 얼마나 망신을 당했는지 알아?", "당신이 주식 투자를 잘못했기 때문에 우리가 이렇게 형편없이 살잖아요!", "집에서 애들이나 키우지 돈을 얼마나 번다고 알 바예요? 당신 때문에 애들 성적이 이 모양이지." 여기저기 '때문에' 아우성은 전쟁터를 방불케 한다.

두 가정 모두 공통으로 사용하는 명사는 '탓'이다. 하지만 행복한 가정은 '좋은 일은 남의 탓'으로, 불행한 가정은 '나쁜 일은 모두 남의 탓'으로 돌린다. 대상의 주체가 바뀜으로 '행'과 '불행'이 엇갈리기 시작한다. 더불어 행복한 가정은 미래에 대한 불안감이 상대적으로 적게 나타난다. 이유는 매사에 '감사'라는 생활 속 비타민을 챙기고 다니기 때문에 불안이 틈 탈 이유가 없다.

교육학 박사 최원호 교수는 《인사이드 아웃》에서 "어른들의 불안감은 살아가는 공포에 기인한 것이며, 청춘의 불안감은 자기 개념이 확실하지 않기 때문"이라고 했다. 즉 불안감은 남녀노소를 불문하고 찾아오는 불청객인 것이다. 우리가 생각하는 걱정의 90% 이상이 쓸데없는 걱정, 즉 앞으로 살아가는 데 전혀 도움이 되지 않는 걱정이라고 한다. 최원호 교수가 언급한 내용처럼 어른들의 걱정은 불경기와 전체적인 경제 침체 속에서 어떻게 먹고살 것인가 하는 걱정이 대부분이다. 반면 젊은이들은 취업난 속에서 나는 누구이며, 앞으로 헤쳐 나갈 미래가 두려워 걱정이 앞설 것이다.

생각하는 동물인 인간이 미래를 예측하고, 그에 맞는 적절한 대책을 세우는 것은 현명하며 그렇게 해야 한다. 그러나 막연한 미래를 불안해하고 걱정하는 것은 자동차가 어두운 터널에 갇혔는데 걱정만 하며 어둠 속에서 탈출하지 못하는 것과 같다. 근심 걱정은 어둡고 긴 터널이다. 일단 달려 나가야 산다. 빛이 보이는 곳으로 달리면 목숨은 건지며, 탈출한 후의 일은 그때 생각해도 늦지 않는다. 걱정에 휘말려 하루하루를 불안 속에 살아가는 현대인에게 '안심인형'을 이용한 원예치료 프로그램을 적용해본다.

프로그램명 : 걱정 마요! 그대, 나의 안심인형.

- 대상 : 불안 속에 살아가는 현대인(남녀노소).
- 준비물 : 관절인형, 스칸디아모스, 나뭇가지, 플레이트, 네임펜, 다짐카드, 글루건.

과정
- 현재의 불안요소 및 근심 걱정하고 있는 내용과 이유를 그림과 글로 적게 한다.
- 관절인형(걱정인형)의 관절을 자유롭게 만지면서 표정과 목소리로 불안과 걱정거리를 리얼하게 표현한다(10분 이상 자유자재로 팔다리, 목 등을 움직이면서).
- 가장 편한 자세와 모습을 만들게 한 후 안심인형으로 변형시킨다.
- 안심인형 머리 위에 스칸디아모스를 입혀 주고 플레이트 주변에는 나뭇가지를 세워 스칸디아모스로 나무 모양을 만들어준다.
- 네임펜을 이용해서 눈, 코, 입을 그려 넣은 후 안심인형과 대화를 한다.
- 다짐카드를 이용해 안심인형과 걱정 대신, 밝고 건강한 문구를 이용

한 다짐 글을 작성한 후 치료자와 대화를 나눈다.
- 불안과 걱정 요인이 생길 때마다 안심인형을 마주하고 다짐 글을 읽게 한다.

기대효과 : 나무로 만들어진 안심인형의 관절을 만져줌으로써 심리적 안정을 되찾을 수 있게 한다. 또한 살아 있는 이끼인 스칸디아모스의 촉감과 색감은 싱그러운 생명의 기운을 불어넣어줘 친근감을 느끼게 한다. 즉 혼자가 아닌 함께하는 든든한 마음으로 걱정과 불안을 잠시나마 내려놓게 된다.

방송순위
인기 Top 10
식물들

제 **6** 장

이제는 반려식물을 들여놓을 때다.
반려식물이란 인간의 삶과 희로애락을 같이하는 또 하나의 가족이다.
매일 식물과 대화하고 보살피는 행위는 정신적, 육체적 건강에도 이롭다.
반려식물을 통해 얻어지는 삶의 교훈과 메시지의 파급력도 대단하다.

실내 인테리어의 귀족,
스파티필름 Spathiphyllum

분류 : 천남성과
학명 : Spathiphyllum patinii
영명 : Peace lily
원산지 : 열대 아메리카
분포지역 : 열대 아메리카, 동남아시아

꽃말 : 섬세한 사랑.

천남성녹색의 포 속에 들어 있는 방망이 모양의 육수꽃차례과 상록 여러해살이 풀로, 불염포 형태를 띠고 있다. 불염포Spathe란 육수꽃차례를 싸고 있는 포를 일컫는다. 육수꽃차례의 육수는 '고기 육肉'과 '이삭 수穗'로, 육수꽃차례는 꽃대가 중앙에 있고, 그 꽃대를 따라 작은 꽃들이 구슬처럼 둘러 나 있는 모양이며, 꽃을 싸는 포가 변형된 것을 의미한다.

· 유사식물 : 안스리움, 포인세티아, 부겐빌레아.

특징

- 뿌리가 왕성하게 성장하며, 포기나누기로 번식한다.
- 넓고 싱그러운 잎은 보기만 해도 정신이 맑아지게 하는 실내 녹색식물을 대표한다. 하지만 추위에 약해 겨울에는 실내에서 길러야 하며, 한여름 강한 광선도 피해야 한다.
- 약광에서도 잘 자라며, 실내 인테리어 식물의 귀족으로 부른다. 공기 정화능력도 탁월하고, 수경재배도 가능하다.

치유기법

물을 좋아하는 스파티필름의 특성을 활용해 바짝 말려 시들어가는 모습으로 만든다. 소심한 성격, 집단따돌림, 아웃사이더 등 대인관계의 어려움을 겪고 있는 대상자에게 직접 기르며, 물을 줄 수 있도록 한다. 물 흡수에 빠른 반응을 보이는 스파티필름을 보여주며, 죽어가는 식물을 살려낸 것에 대한 칭찬과 격려 치료사의 의도적 개입를 아끼지 않는다. 이후부터 대상자를 식물박사로 부르면서 자존감을 높여주고, 물도 함께 주는 공동작업에 참여하도록 한다.

꽃차례

꽃차례란 꽃이 피어나는 모양과 질서로 꽃이 피어나는 차례를 말한다. 꽃차례의 종류는 다음과 같다.

· 단정꽃차례 : 하나의 꽃대에 하나의 꽃만 펴서 꽃송이를 쉽게 셀 수 있는 꽃이다.

　예) 목련, 튤립, 붓꽃, 함박꽃, 얼레지, 꽃창포.

· 두상꽃차례 : 하나의 꽃대에 통꽃중심 꽃과 혀 꽃주변 꽃이 촘촘히 모여 전체적으로 하나의 꽃 같이 보이는 꽃이다.

　예) 국화, 엉겅퀴, 민들레, 토끼 꽃.

· 수상꽃차례 : 하나의 꽃대에 꽃자루가 없는 꽃이 이삭처럼 촘촘히 붙어서 피는 꽃이다.

　예) 질경이, 오이풀, 사람주나무, 산오이풀.

· 총상꽃차례 : 하나의 꽃대에 꽃자루가 있는 여러 개의 꽃이 어긋나게 붙어서 밑에서부터 위로 피어 올라가는 꽃이다.

　예) 아카시아, 등나무, 까치수염꽃 등.

· 산형꽃차례 : 많은 꽃줄기가 꽃대 끝에서 방사형으로 나와 그 끝마디에 꽃이 하나씩 붙은 꽃이다. 우산 모양이다.

　예) 수국, 당근, 산벚나무.

· 산방꽃차례 : 꽃자루가 총상꽃차례와 같이 아래에서 위로 순차적으로 달리지만, 꽃자루의 길이가 줄기 아래쪽에 달리는 것일수록 길어지고, 위쪽에 달리는 것은 짧아서 꽃이 거의 평면으로 가지런하게 피는 꽃이다.

　예) 찔레, 앵초.

기억하고 싶은 너의 이름,
호야 Hoya

분류 : 박주가리과
학명 : Hoya carnosa
영명 : Wax flower
원산지 : 동남아시아, 오스트레일리아 전역
분포지역 : 동남아시아, 오스트레일리아 전역

꽃말 : 아름다운 사랑.

특징

· 잎은 다육질이며 긴 타원형으로 질기고 둔탁한 광택이 나며 대생을 띤다.

· 줄기는 갈색으로 기근이 생겨 2~3m까지 자라며 공을 반으로 갈라 놓은 듯한 형태의 꽃이 별 모양으로 모여서 미황색으로 6~9월에 핀다.

· 꽃색은 백색, 연한 분홍색, 분홍색 등이 있으며, 초콜릿 향이 나지만 개화기간이 아주 짧다. 꽃 중심부는 연한 홍색이며, 윤기가 흐른다.

번식은 3~5월경 전년생 가지를 꽂아 삽목한다. 꽃은 8마디 이상 자랐을 때 피며, 모종이식 후 3년이 지나면 볼 수 있다.

뿌리의 종류
저장뿌리 당근·무, 공기뿌리 기근식물, 물뿌리. 개구리밥·부레옥잠뿌리 등

공기뿌리의 종류
· 호흡뿌리 : 수면에서 땅으로 뻗는 뿌리다.
  예) 맹그로브, 여뀌바늘 등.

· 기생뿌리 : 다른 식물의 줄기나 뿌리로 파고들어가 양분을 빨아먹는 뿌리다.
  예) 겨우살이, 새삼.

· 버팀뿌리 : 아래쪽 줄기에서 나온 뿌리가 땅속까지 뻗어서 줄기를 지탱한다.
  예) 옥수수.

· 붙음뿌리 : 다른 것에 달라붙기 위해 군데군데 뿌리 내린다.
  예) 담쟁이넝쿨.

원예치료 프로그램 적용
토피어리 만들기를 통해 보고 싶은 얼굴, 그리운 사람 표현하기, 아이돌 가수 인피니티 호야의 이름과 접목하며 흥미를 유발한다.

토피어리Topiary란 로마시대 한 정원관리사가 자신이 만든 정원의 나무에 '가다듬는다'라는 뜻의 라틴어 이니셜 토피아Topia를 새겨 넣은 데서 유래됐다. 최근에는 식물을 인형이나 동물 모양 등으로 자르고 다듬어 보기 좋게 만드는 것을 일컫는다.

영원한 사랑을 꿈꾸는
스타티스 Statice

분류 : 갯질경이과
학명 : Limonium sinuatum
영명 : Sea lavender
원산지 : 시베리아 캅카스(코카시아, 흑해, 카스피해 중간 지역)
분포지역 : 북아프리카, 팔레스타인 지역

꽃말 : 변치 않는 사랑, 영원한 사랑.

특징

· 그리스어 '설사를 그치게 한다'에서 유래된 이름이다.

· 서늘한 기후를 좋아하고 저온에도 강하다.

· 뒤집어 말려 드라이플라워 소재로 인기가 많다.

· 진청, 연청, 노랑, 화이트, 핑크 등 다양한 색상이다.

· 만지면 바스락거리는 소리가 난다.

원예치료 프로그램 적용

· 대상 : 시각장애인, 청소년.

과정

- 눈을 감고 꽃을 손으로 쓰다듬거나 만지면서 상상력을 키운다.
- 거꾸로 매달아놓고 말려 벽면 장식을 한다.
- 포푸리 향 주머니로 활용 가능하다.
- 콜라주로 작품의 완성도를 높여준다.

허브의 중심,
로즈메리 Rosemary

분류 : 꿀풀과
학명 : Rosmarinus officinalis L.
영명 : Rosemary
원산지 : 남유럽 지중해 연안
분포지역 : 전 세계

꽃말 : 나를 생각해요.

특징

· Rosmarinus는 라틴어 '이슬Ros'과 '바다Marinus'의 합성어이며, '바다의 이슬'이라는 뜻으로, 자생지의 해변에서 독특한 향기를 발한다는 의미에서 붙여진 이름이다.

· 허브는 '푸른 풀'이라는 라틴어 '허바Herba'에서 유래했다. 향과 약초라는 뜻이다. 로즈메리는 허브의 한 종류다. 지금으로부터 5,000년 전 중국에서 허브에 대해 연구한 기록이 남아 있다. 인도의 유명한 의학서에도 500여 종의 허브 약제가 체계적으로 기록돼 있으며, 이집트

에서는 정원에 허브를 심어 다양하게 이용한 기록이 벽화와 파피루스에 남아 있다. 주로 허브를 이용해 목욕을 하거나 신앙적인 모임을 위한 향료로 이용했으며, 시신 부패 방지용 등 다양하게 활용했다.

이용 및 요리

잎과 가지는 고기 요리, 소스, 수프, 샐러드 드레싱에 사용한다. 신선한 잔가지는 양고기 밑에 깔거나 생선 속에 넣어서 요리하며, 잎은 토마토 수프, 찜 요리에 넣어 사용하거나 차로 활용한다. 로즈메리 유油에 함유된 '보르네올Borneol'은 화장품이나 비누의 방향제로 사용된다.

효과

· 담즙 분비 촉진 작용, 두통 완화, 소화 촉진.
· 혈압 강하 작용, 항균 작용.

공기정화

톨루엔, 포름알데히드 등의 휘발성 유해물질을 제거하는 능력이 아주 탁월한 식물이다. 증산량이 많아 실내의 습도 유지에 큰 효과가 있고, 음이온의 발생량이 풍부하다. 에코플랜트Eco-friendly Houseplants 중 대표적인 식물이다. 악취 제거, 방충 효과도 있다.

행운을 담아 드리는
개운죽 Sander's dracaena

분류 : 백합목 용설란과(벼과식물인 대나무와 완전 다름)
학명 : Dracaena braunii or sanderiana
영명 : Lucky bamboo
원산지 : 서아프리가 카메룬
분포지역 : 한국, 일본 난대, 중국

꽃말 : 행운이 열린다.

특징

- 잎 색은 녹색, 연두색이고, 잎의 무늬가 없다. 향기도 거의 나지 않는 식물이다.
- 번식방법은 삽목이다.
- 생육조건은 빛 요구도가 낮은 광도 300~800 Lux~중간 광도 800~1,500Lux 이다.
- 생육온도는 16~20℃이고, 겨울에도 최저온도가 13℃ 이상은 돼야 한다.

다양한 활용법

· 수경재배가 가능하다.

· 길게 자란 잎을 잘라 물꽂이 해 뿌리 내리면 흙에 정식해서 키울 수 있다.

· 줄기 커팅으로 높이 조절 및 개체 수 늘리기가 가능하다. 촛농, 왁스 이용

· 어항에 물고기와 함께 키울 수 있다. Aquarium

원예치료 프로그램 적용

투명 용기에 컬러 샌드를 이용해 무지개 모양을 만든 후 개운죽을 심는다. 이때 무지개는 희망이며, 꿈을 상징하는 것으로 잃어버린 꿈을 찾게 해주거나 새로운 꿈을 가질 수 있도록 응원해준다.

강인함을 닮고 싶은
다육식물 Succulent plant

특징

- 밤에 이산화탄소를 흡수해줘서 숙면에 도움이 된다.
- 낮에는 기공을 닫아서 수분의 증산을 억제하면서 밤에 만들어놓은 유기산을 분해해 광합성을 한다. 이러한 식물을 CAM Crassulacean Acid Metabolism 식물이라고 한다.
- 건조한 열대, 아열대 지역에서 사는 다육식물들은 기온이 낮은 야간에 기공을 열고 이산화탄소를 흡수한다. 따라서 선인장과 다육식물들은 밤에 방 안 공기를 정화시켜주는 기능식물 역할을 함으로써 인기를 끌고 있다. 꽃이 선명하고 정말 예쁜 반면 개화기간이 짧다. 이는 열악한 환경에서 벌, 나비를 유혹하기 위한 전략이다.

다육의 종류

· 하형다육 : 봄에서 여름에 걸쳐 성장 후 겨울에는 휴면기다.

(예) 아데니움속(석화), 파키포디움속(라메리), 녹태고, 유포르비아속(꽃기린), 오채각), 모나데니움속(리차이), 산세베리아, 알로에속(천대정금, 불야성), 자투로파속, 스타펠리아속(우각), 세로페지아속(러브체인), 포툴라카리아속(아악무), 호야, 유카.

· 동형다육 : 가을에서 겨울에 걸쳐 성장 후 여름에는 휴면기다.

(예) 머셈류(리톱스), 에오니움속(까라솔, 흑법사), 아보니아속(부데리아나), 벽어언, 포카리아속(사해파, 미파).

· 춘추형 다육 : 더위나 추위를 피해 봄가을에 성장한다.

(예) 카스테라아속(자보), 셈페르비움속(거미줄바위솔)

다육식물 키우는 방법

· 일조량이 부족하면 웃자라므로 가능한 햇볕을 많이 보여준다 1일 4시간 권장.
· 여름철 고온에 화상을 입을 수 있으니 주의한다.
· 장마철 습기에 의한 무름 현상 방지를 위해 방수한다.
· 물은 반드시 화분이 완전히 건조한 상태에서 급수한다.
· 분갈이는 봄이나 가을철에 하는 것이 좋다.

번식 및 분갈이

· 마사와 거름 비율은 8 : 2로 한다.

· 물빠짐이 좋은 흙을 사용한다.

· 번식은 잎꽂이로 한다.

감사의 마음을 전하는 꽃,
카네이션 Carnation

분류 : 석죽과에 속하는 초본성 식물
학명 : Dianthus caryophyllus L.
영명 : Carnation
원산지 : 지중해 연안 지역
분포지역 : 유럽, 아시아

꽃말 : 자비로움, 모정, 사랑. 핑크 : 사랑, 적색 : 사랑과 존경, 백색 : 추모

유래

1907년 미국 필라델피아의 안나 자비스Anna Jarvis가 본인의 어머니 앤 자비스Ann Jarvis, 사회운동가를 추모하기 위해서 다니던 교회의 교인들에게 하얀 카네이션을 하나씩 나눠준 것에서 유래했다. 살아계신 어머니는 빨간 카네이션을, 어머니가 돌아가신 사람은 어머니의 무덤에 하얀 카네이션을 바쳤다. 1908년 시애틀에서 처음으로 이 날을 '어머니날'로 지정했는데, 그 후 미국 의회에서도 5월 두 번째주 일요일을 정식으로 '어머니날'로 채택했으며, 우리나라에서는 1956년 5월 8일을 '어머니

날'로 지정해 기념해 오다가 1974년부터 '어버이날'로 변경했다.

어버이날의 상징 꽃이 될 만한 이유
· 꽃잎이 시들 때도 떨어뜨리지 않고 중심으로 끌어안는다. 모성애
· 안나 어머니가 생전에 즐겨 키우던 식물이다.
· 1920년 흰 카네이션 가격 폭등으로 수요공급 균형을 위해 작고한 부모에게만 흰 카네이션을 선물하는 문화로 바뀌게 됐다.

감사카드 메시지 예
· 푸른 하늘보다 높은 은혜에 꼭 보답할게요. 사랑합니다.
· 다시 태어나도 엄마 아빠의 아들, 딸로 태어나고 싶어요.
· 사랑으로 키워주셔서 감사합니다.
· 몇 번을 말해도 부족한 그 말. 감사합니다. 사랑합니다. 고맙습니다.
· 엄마 아빠의 아들, 딸로 태어나 감사하고 행복합니다. 오래오래 건강하게 함께해주세요. 많이 많이 사랑합니다.
· 마음속에 항상 두고 밖으로 꺼내지 못했던 말, 이 날을 빌어 용기내어 해봅니다. 아버지 어머니 사랑합니다.

나의 애완식물,
틸란드시아 Tillandsia

분류 : 파인애플과
학명 : Tillandsia cyanea
영명 : Blue-flowered torch
원산지 : 페루, 에콰도르
분포지역 : 남아메리카 전역

꽃말 : 불멸의 사랑.

대부분의 식물은 잎, 줄기, 뿌리로 이뤄져 있다. 각자의 위치에서 맡은 임무를 충실하게 수행하는 모습을 보면, 우리 신체 구조와도 매우 유사하다. 뿌리는 인간의 다리 역할과 비교하면 쉽게 이해된다. 튼튼한 다리는 몸을 지탱해주는 기본이며, 반드시 필요한 중요 부위다. 식물 뿌리 역시 땅속에 단단히 박혀 식물을 지탱하며, 흙에서 물과 양분을 흡수하는 역할을 담당한다. 줄기는 사람의 몸통과 비유된다. 든든한 허리는 다리와 상체의 중간 역할을 담당한다. 식물의 줄기 역시 식물이 쓰러지지 않도록 지탱해줄 뿐 아니라 잎이 만든 영양분과 뿌리가 흡수한 물이 지나는 동로가 되는 중요한 임무를 담당한다. 그렇다면 인간의 얼굴머리에 해당되는 부분은 어디가 될 것인지 쉽게 답이 나왔다. 바로 잎이다.

　식물의 잎이 하는 역할 중 가장 중요한 일은 광합성 작용을 하는 것이다. 잎 속에 있는 엽록체가 햇빛을 받으면 물과 이산화탄소를 이용해 영양분과 산소를 만들어주는 생명창고 역할을 담당한다. 또한 잎은 물을 공기 중으로 날아가게 하는 증산 작용을 통해 뿌리에서 흡수한 물을 잎까지 끌어 올리고, 잎의 온도를 조절하는 센서를 갖고 있는 두뇌플레이어다.

　식물마다 잎, 줄기, 뿌리의 생김새는 달라도 각 부분이 하는 일은 비슷하다고 보면 된다. 팔다리, 몸통, 머리뇌 등 완전하게 갖춰 건강한 삶을 살아가는 사람들이 있는 반면, 그렇지 못한 신체장애를 가지고 살아가는 사람 역시 많이 있다. 예를 들면 호주의 사업가이며, '사지 없는 인생 대표'로 있는 닉 부이치치Nick Vujicic와 같은 사람이 그렇다. 닉 부이치치처럼 낙천적이며, 삶을 그대로 받아들이고, 감사하며 살아가는 사람도 있는 반면, 그렇지 못한 사람도 많다. 삶을 비관하며 남들과 다른 신체조건을 비교하면서 낮은 자존감으로 살아가는 사람들이 많이 있다. 신체조건이 완벽해도 감사할 줄 모르고, 정서적인 빈곤에 찌들어 사는 사람들에게 틸란드시아를 소개한다. 이 식물을 보면 삶의 다양한 방식을 이해하며, 현실에 맞게 적응하고, 건강하게 살아가는 방법을 일깨워준다.

　틸란드시아는 파인애플과 착생식물이다. 원산지는 멕시코 건조 고산지대이며, 생김새가 특이해 많은 사람들로부터 '애완식물'로 사랑받고 있다. 틸란드시아의 종류는 무려 500여 종이나 되며, 형태도 다양하지만, 우리에게 익숙한 모습은 파인애플처럼 생긴 '이오난사' 종류와 긴 수염 모양의 특별한 생김새로 주목받은 '수염틸란'이 있다. 틸란드시아는 뿌리가 발달되지 않았다. 또 뿌리가 꼭 필요하지 않아도 잘 살아간다. 다른 식물과는 달리 흙이 필요 없으며, 나무둥치나 가지에 매달려 잘 먹고 잘 살아간다. 이런 식물을 '공중식물Air plant'이라고 한다. 그런데 뿌리가 없다면 양분은 어떻게 조달할까 궁금해진다. 그렇다고 기생식물처럼 다른 나무에 딱 달라붙어 양분을 얻어먹는 파렴치한 행동을 하지 않는 자립심이 강한 식물이다. 영양 공급방법은 독특하다. 광합성 대신 잎에 있는 미세한 솜털트리콤을 이용해 공기 중 수증기와 유기물을 흡수해 양분을 보충한다. 트리콤은 긁힘 또는 충격에 벗겨질 수 있으며, 벗겨진 트리콤은 재생되지 않으니 유의해야 한다. 즉 손으로 만질 때 특별한 주의를 요한다. 비록 뿌리다리 없는 장애를 가지고 있지만, 세상에서 가장 소중한 식물이라고 말하고 싶다.

틸란드시아는 부족한 식물 구성요소를 가지고 있지만, 닉 부이치치처럼 사회에 공헌하는 역할은 건강한 다른 식물 못지않다. 더 놀라운 것은 보이지 않는 곳에서 소리 없이 조용히 봉사하고, 헌신하는 것에 감동받지 않을 수 없는 식물이다. 그들이 제공하는 서비스방법은 밤에 기공을 열어 호흡을 한다는 것이다. 즉 야간에 산소를 만들어내어 쾌적한 공기를 제공하는 선행을 하고 있다. 이를 식물생리학으로 CAM식물이라고 부른다. 대부분 다육식물과 파인애플과 식물 등 건조한 환경에서 자란 식물들의 특징이며 삶의 방식이다. 우리에게는 얼마나 고마운 식물인가!

'불멸의 사랑'이란 꽃말처럼 아낌없이 내어주는 끝없는 사랑에 그저 감동이다. 특별한 관리법이 필요 없는 것이 또한 특징이다. 도심권 아파트 생활 기준으로 볼 때, 주 2~3회 정도 스프레이를 해주면 알아서 잘 자라준다. 주의할 점은 위에서 흠뻑 줬을 경우에는 반드시 거꾸로 뒤집어 놓거나 매달아 중심 생장점에 물이 완전히 빠져야 한다. 그렇지 않으면 무름 현상을 보이며 썩기 때문이다. 틸란드시아가 사랑받는 또 다른 이유는 꽃을 피운다는 것이다. 특히 이오난사의 보라색 꽃은 여심을 자극하기에 충분한 매력을 갖고 있다.

우리도 반려식물을 하나 들여놓을 때다. 반려식물이란 인간의 삶과 희로애락을 같이하는 또 하나의 가족이다. 매일 식물과 대화하고 보살피는 행위는 정신적, 육체적 건강에도 이롭다. 반려식물을 통해 얻어지는 삶의 교훈과 메시지의 파급력도 대단하다.

틸란드시아의 삶을 통해 부족함을 불평하거나 탓하지 않고, 내게 부족한 것을 다른 식물에 기생하며 의존하는 삶을 살지 않는 당당함을 배운다. 또한 나를 통해 다른 사람들에게 유익을 끼치려고 노력하는 모습을 본다. 그것도 왼손이 한 일을 오른손이 모르게 하는 은밀한 선행은 나 개인만이 아닌 기업을 운영하는 사업가나 정치인들에게 고요한 메시지를 던져준다.

틸란드시아는 키우는 장소도 가리지 않을 뿐더러 자리도 많이 차지하지 않아서 늘 함께하고 싶다. 사랑스러운 틸란드시아. 티내지 않고 내게 조용히 다가와 "산소를 드릴게요. 건강하세요!"라는 메시지를 남겨놓고 떠났다.

BTS와
칼랑코에 Kalanchoe

분류 : 돌나무과
학명 : Kalanchoe blossfeldiana
영명 : Christmas kalanchoe, Flaming Katy
원산지 : 마다가스카르섬
분포지역 : 유럽, 미국

꽃말 : 인기, 좋은 평판.

포털 사이트에서 '방학여행'이란 검색을 하려고 '방' 자를 치는 순간 '방탄소년단'이라는 이름이 먼저 올라왔다. 듣긴 들었지만 수많은 아이돌 가수 중 한 그룹이라 생각하고 주의를 기울이지 않았다. 운전 중 방송에서 한국의 보이그룹이 한국어로 낸 앨범이 미국 메인차트 빌보드 200차트 1위를 했다는 뉴스를 들었다. 그들이 1위를 차지한 것은 피겨여왕 김연아, 마린보이 박태환 선수가 획득한 금메달 이상의 쾌거라는 소식을 들었다. 12년 만에 외국앨범이 미국 음악시장에서 1위를 할 정도로 어려운 일을 해냈다는 것이다. 문재인 대통령도 국위를 선양한 방탄소년단BTS에게 축하와 격려의 메시지를 보냈다고 하니 그냥 넘어갈 수 없었다. 방탄소년단은 군대에서 총알을 막아주는 방탄조끼가 연상돼 세련된 이름 같지 않아 쓱 지나쳤는데 자세하게 그들의 매력을 알아보고 싶었다.

방탄소년단의 '방탄'은 총알을 막아낸다는 뜻으로, 10대~20대들이 사회적 편견과 억압을 받는 것을 막아내고, 당당히 자신들의 음악과 가치를 지켜내겠다는 뜻이다. 'BTS'는 'BangTanBoyS'를 줄인 영문 알파벳 약자이니, 앞으로 'BTS'라 부르고 쓰는 게 편할 듯하다. 그런데 그 많은 보이그룹 중에 어떤 매력이 전 세계인의 마음을 사로잡았을까? 몇 곡 들어봤다. BTS가 정상에 오르기 전 우연히 청소년 대상 강의가 있어 인기곡 한 곡을 쉬는 시간에 틀어줄 마음으로 알아보던 중 〈피 땀 눈물〉이라는 곡의 뮤직비디오를 선택했고, 몇 번 듣다가 금방 중독돼버렸다. 반복적인 가사와 리듬은 중년 아재인 나도 잘 따라 부를 정도로 쉬웠다.

"내 피 땀 눈물 내 마지막 춤을 다 가져가 가.
내 피 땀 눈물 내 차가운 숨을 다 가져가 가."

역시 아니나 다를까 이미 아이들은 BTS의 모든 것을 알고 있었다. 강의는 대성공이었다. 후렴구를 같이 부르며 리듬 따라 한 소절에서 관절을 살짝 꺾어줬다. 나는 청소년 캠프나 특강 때 아이들이 깜짝 놀랄 퍼포먼스를 보여준다. 이때부터 아이들은 내 강의에 빠지고 집중하는 모습을 보여준다.

아이돌 멤버 이름 알아맞히기 게임도 상당한 효과가 있었다. 팀원을 만들어 '소녀시대' 멤버를 돌아가면서 순서대로 맞추는 게임이다. 총 9명의 멤버를 순서대로 틀리지 않고 한 사람씩 돌아가며 알아맞히는 과정은 생각보다 쉽지 않다. 먼저 팀원 간 작전을 잘 짜야 된다. 즉 소외되는 사람 없이 모두 참여해야 가능하기 때문이다. 그 과정 속에서 많은 대화가 오가며 자연스럽게 팀워크는 다져진다. 이후에 내가 팬이 된 아이돌그룹은 '인피니트'였다. 〈내 꺼 하자〉라는 곡의 노래와 안무가 쉬운 듯해 열심히 연습했다. 청소년을 위한 질 높은 강의 준비를 이유로 시작했지만, 솔직히 따라해 보고 싶은 내 욕망이 더 많이 작용했을 것이다. 인피니티 이후 아이돌에는 점점 무관심해지고 한참을 잊고 있었다. 아이돌그룹에 일부러 무관심하려는 의도는 아니었다. 눈만 뜨면 혜성처럼 등장하는 신예그룹들이 홍수처럼 넘쳐 나오기 때문이었다. 빠른 랩, 리듬감은 노화된 신체구조로서는 더 이상 범접할 수 없는 영역이었으며 받아들일 용량이 부족했다. 그런데 이때 하필 BTS가 또 나타나 내 마음을 흔들어놨다.

많이 궁금했다. 왜 많은 보이그룹 중에 BTS가 떠올랐을까? 우리나라 사람에게는 아주 익숙하나 외국인에게는 뭔가 다른 신선한 매력을 보여줬나? 이번 기회에 몇 곡의 뮤직 비디오를 반복해봤다. 물론 이들의 안무는 내겐 넘사벽이었다. 하지만 이미 내 눈을 통한 뇌의 반응은 빠르게 움직였다. 칼 군무는 우리나라 아이돌의 상징이기도 하다. 하지만 웬만하면 모든 아이돌이 칼 군무를 보여주기 때문에 차이점을 찾기 위한 집중 관찰에 늘어갔다.

뭔가 포착됐다. 〈No more dream〉, 〈N.O〉, 〈Danger〉를 보니 미세하지만 확연한 그들의 매력을 뿜어내고 있었다. 인공지능이 지배한 듯한 관절의 움직임과 파워풀한 위엄은 절로 감탄이 나올 만했다. 이 정도의 비주얼은 외국인들에게도 충격이었을 것이다. 느린 템포의 곡 역시 격한 안무를 함께한다. 이런 노래를 립싱크가 아닌 라이브로 한다니 더욱 놀라웠다. 춤만 잘 추는 게 아니라 가창력도 춤 솜씨 못지않은 게 그들의 인기 비결인 듯했다. 보면 볼수록 빠져드는 BTS의 매력은 여기서 끝이 아니었다. 유창한 영어 구사와 소통 능력은 랩과 인터뷰를 보면 알 수 있었다. 외국인에게도 거리낌 없는 그들이 K-POP을 전 세계인에게 사랑받는 음악으로 올려놓은 것이다.

BTS와 닮은 꽃이 있다. 바로 '칼랑코에'라는 다육질의 돌나무과 식물이다. 먼저 BTS 멤버 7명처럼 일곱 색깔의 다양한 색을 가지고 있다. 단색보다 여러 색이 함께 그룹지어 있을 때는 BTS의 현란한 군무를 보는 듯하다. 또 다른 공통점은 다육식물로서 꽃의 개화기간이 길다. BTS는 한두 곡으로 인기를 누리는 것이 아니다. 수많은 곡 모두 히트를 치고 있기 때문이다. 오랫동안 전 세계인의 사랑을 충분히 받을 만한 그룹임엔 틀림없다. 더구나 칼랑코에의 꽃말이 '인기', '좋은 평판'이라 BTS의 꽃임을 충분히 증명하고도 남을 것이다.

칼랑코에는 많은 사람들의 사랑을 받고 있는 대표적인 에코플랜트다. 꽃도 다양하고 예쁘지만, 미 항공우주국NASA에 의하면 유해물질인 포름알데히드와 이산화탄소 제거능력이 탁월한 식물이라고 보고됐다. BTS의 노래가 사회적 편견과 억압이라는 유해독소를 한 방에 날려버려 줄 것이라 기대한다.

　의도적이며 억지로 끼워 맞춘 BTS와 칼랑코에의 조합이지만, 닮은 점이 너무 많다. 마지막 닮은꼴을 찾아보니 지형과 환경이다. 칼랑코에의 고향은 마다가스카르라는 섬이다. 이 섬은 《어린 왕자》에 나오는 바오밥 나무가 자라는 곳이다. 6,000만 년 전, 아프리카 대륙과 인도가 갈라지면서 생겨난 섬으로 영화 같은 풍경이 장관을 이루는 곳이다. 다른 대륙과 고립돼 동식물 중 80%가 독특하게 진화한 희귀종이 많이 서식하고 있다. 이 신비의 섬이 바로 칼랑코에의 고향인 것이다.

　바위로 덮인 마다가스카르 섬은 건조하고 열악한 토양조건을 가지고 있다. 풍요하지 못한 척박한 환경 속에서도 칼랑코에는 꿋꿋하게 생명을 유지해왔고, 신비의 꽃을 피워왔다. 그리고 수많은 사람들이 찾는 인기식물이 됐다. 마치 BTS가 대형기획사가 아닌 곳에서 열악한 조건을 이겨내고, 세계 정상에 오른 것처럼 말이다. BTS는 칼랑코에와 같이 별처럼 오랫동안 피어날 것이다.

너의 아픔까지도 사랑하는
커피나무 Coffee tree

분류 : 꼭두서니과
학명 : Coffea arabica
영명 : Coffee tree
원산지 : 열대아시아, 아프리카
분포지역 : 적도를 중심으로 북위 25°, 남위 25° 사이의 아열대 지역

꽃말 : 너의 아픔까지도 사랑해.

쓰디쓴 커피를 무슨 맛으로 먹는지 알 수 없었던 때가 불과 3~4년 전이다. 이제는 모닝커피를 먹지 않으면 왠지 허전한 느낌을 받아 깔끔한 아메리카노 한 잔으로 하루 일과를 시작한다. 우리 입맛에는 역시 믹스커피라는 생각으로 하루 한두 잔씩 하곤 했던 것이 몇 년 전에 불과한데 말이다.

회식문화도 많이 바뀌었다. 1차 식사 후 2차는 맥주, 3차는 노래방이나 당구장이 일반적이었던 문화에서 이제는 특별한 경우를 제외하곤 삼삼오오 카페로 향하는 발걸음도 많아졌다. 결혼식장이나 장례식장에서 오랜만에 만난 친척이나 친구들과 회포를 카페에서 풀어내니 아무리 카페가 자꾸만 생겨나도 영업을 유지할 수 있는 것 같다. 카페는 회식의 완성이라고 해도 과언이 아니다. 커피가 대중화되면서 플라워카페, 미술카페, 독서실카페, 음악감상카페, 도예카페, 베이커리카페, 애완동물을 위한 펫카페 등 다양하게 변화되고 발전되는 모습은 이미 카페문화에 익숙해진 우리들의 모습을 반영하고 있다.

커피에 마음 문을 열어둔 지 얼마 되지 않아 새로운 식물이 다가와 인사를 건넸다. 싱그러운 녹색에 빛나는 광택을 뽐내며, 주름진 잎 가장자리가 특징인 커피나무와 마주하게 됐다. 볼수록 넘치는 매력에 빠져들기 충분했다. 이렇게 예쁜 나무가 맛있는 커피열매를 만들어내다니 더더욱 사랑스러워 보였다.

아프리카 원산지의 관엽식물이지만 열대성 기후나 고산지대에 적응한 식물로, 건조에 강해 우리나라에서도 한겨울 추위만 잘 넘기면 충분히 재배될 수 있는 조건을 가지고 있다. 최근에는 조그만 분화로 유통되고 있어 원예치료 프로그램에 접목해봤다. 커피나무는 하얀색 꽃을 피우는데, 향기가 있으며, 잎겨드랑이에 3~7개씩 모여 달리는 특징을 가지고 있다. 나는 커피나무의 꽃말을 통해 치료적 접근을 해봤다. 커피나무의 꽃말은 '너의 아픔까지도 사랑해'인데, 어느 연령이나 대상자를 아우를 수 있는 폭넓은 영역을 확보하고 있다.

이번 프로그램 진행 대상자는 성인 여성 정신장애인이었다. 10명의 집단 원예치유 상담과정을 진행했다. 이 중 대학교 진학까지 한 사람은 2명이며, 나머지는 중·고등학교 학력을 가지고 있어 기본적인 영어는 알고 있었다. 하지만 약물복용 등 치유 과정 중에 기억력이 감퇴됐고, 집중력도 떨어진 상황을 고려해야 했다. 그래서 프로그램 난이도는 아주 쉽게 구성했다. 먼저 각 책상 위에 하얀 투명비닐을 깔고 매직펜을 이용해 큼직하게 'Coffee'라는 단어를 써놨다. 그리고 한 번씩 큰 소리로 읽게 했다. 그런데 3명의 대상자는 읽지 못하고 웃고만 있었다. 예상했던 일이었다.

커피나무를 보여주며 "우리가 자주 마시는 커피는 영어로 'Coffee'라고 쓰고, 읽을 때는 '커피'라고 읽습니다"라고 3번 반복했다. 이번에는 큼지막한 우드보드 위에 커피라는 단어를 그대로 적게 했다. 정확하게 적은 사람은 6명이었는데, 나머지 3명은 그림을 그렸고, 1명은 자기 이름을 대신 삐뚤삐뚤 쓰고 있었다. 암튼 각자의 커피네임보드를 완성했다. 토분을 이용해 커피나무를 옮겨 심는 작업으로 프로그램을 이어갔다. 깔끔하게 정리한 후 커피나무에도 꽃이 피며, 꽃말은 '너의 아픔까지도 사랑해'라고 알려주고, 옆 사람과 짝지어 토닥토닥 위로하게 했다.

그런데 놀라운 변화가 일어났다. 한 사람이 벌떡 일어서더니 참가자들에게 손을 내밀며 인사하고 다닌 것이다. "힘들어도 우리 잘 참자. 내가 위로해줄게"라면서 말이다. 옆에 있던 사람도 같이 일어나 순식간에 집단운동으로 변했다. 시작 전에는 앉아 있기도 불편해하던 모습은 어디 가고, 서로가 서로를 쓰다듬는 위로파티가 열린 것이다.

기적이었다. 완성된 커피나무를 잘 키워 커피열매가 열리면 엄마를 따다 주겠다는 사람, 성모마리아상에 놓고 키우겠다는 사람, 잘 돌봐주시는 사회복지사 선생님에게 드리겠다는 사람 등 모두가 천사가 됐다. 꽃말 하나에 이렇게 큰 변화를 가져온 수업은 커피 향만큼이나 진한 행복에 취하게 만들었다.

커피나무는 AD 600~800년경 에티오피아 남서쪽 카파주에서 양을 치던 양치기가 발견했다. 그는 양들이 근처에서 자라는 커피나무 열매를 먹고 흥분하는 것을 봤다. 호기심 많은 양치기 역시 열매를 먹어 봤는데, 역시나 기분이 좋아지고 흥분하게 돼 처음에는 술로 만들어 마셨고, 13세기경부터는 현재와 같은 방법으로 마시기 시작했다고 한다.

커피나무를 가지치기하지 않고 그대로 키우면 10m까지도 큰다. 그러나 수확을 쉽게 하기 위해서는 2m 이내에서 지속적인 가지치기를 해준다. 꽃이 떨어지면 그 자리에 열매가 맺고, 6~11개월 정도면 익는데, 이것을 커피체리Coffee Cherry라고 한다.

체리Cherry 속의 씨앗Green Bean을 볶으면 원두Coffee Bean가 된다. 이 원두를 갈아서 물을 이용해 용해시켜 추출해낸 용액이 바로 우리가 마시는 커피다. 커피를 재배하는 곳의 자연환경과 로스팅, 커피를 내리는 방법에 따라 향과 맛이 달라진다고 하니, 풍성하고 깊은 커피의 맛은 이 모든 것의 복합적인 결과물인 것이다.

1997~2002년 사이에 커피공급량의 증가와 가격의 폭락, 수요 정체가 있었다. 다량의 커피를 생산하기 위해서 과도한 제초제와 살충제를 사용해 환경 파괴가 심해진 것이다. 이에 따라 커피재배 농가의 삶의 질을 개선하고, 환경보호를 위한 노력으로 '서스테이너블 커피Sustainable Coffee'라는 개념이 생겨났다. 실천방안으로는 '유기농 커피Organic Coffee', '셰이딩 커피 또는 셰이드 그로운 기피Shaded Coffee or Shade

Grown Coffee', '공정무역 커피Fair Trade Coffee' 등이 있다.

유기농 커피는 수질과 토양, 생물의 다양성 보호를 위해 살충제 등을 사용하지 않고 자연 상태에서 경작하는 커피다. 멕시코, 콜롬비아 등지의 유기농 커피가 유명하며, 카페인이 거의 없거나 매우 적은 것으로 알려져 있다. 셰이딩 커피재배법은 커피나무 중간중간에 다른 나무를 심어 커피나무에 그늘을 만들어주는 것이다. 셰이딩을 하게 되면 커피 체리Cherry의 불량률을 낮춰주며, 잡초 및 해충 발생의 억제, 수분 조절, 바람막이 등의 효과가 있다.

아프리카, 아시아, 남아메리카 등 빈민 국가에서 재배되는 커피를 공정한 가격에 구입해 유통하는 '공정무역 커피'도 눈여겨볼 만하다. 다국적 식음료 기업들이 갖춰 놓은 농가 착취형 유통 구조를 거부하고, 커피생산 농가와 직거래를 통해 농가에 적정한 소득을 보존해주는 것을 목적으로 하는 공정무역 커피를 이용하는 것도 그들의 운동에 동참하는 것이다.

요즘 사회복지기관에서 다양한 형태의 카페를 운영해 그들의 일자리 창출 및 소득보전에 참여하게 되는 것을 보게 된다. 대형건물 1층에는 청각장애인이 운영하는 카페, 지역자활에서 운영하는 공정무역 카페, 작은 교회 1층에 아담하게 자리 잡은 카페, 협동조합 형태로 운영되는 카페 등 모든 카페들이 일정한 수입이 확보돼 일하는 즐거움을 누렸으면 좋겠다. 오늘 하루도 기분 좋은 커피 향을 담고 마음꽃을 피워줄 꽃밭으로 신나게 출발한다.

누구나 꿈꾸는 도시텃밭

제 7 장

한 행인이 채소를 재배하는 원예사에게 물었다.

"왜 채소는 정성껏 가꾸고 물 주는데도 잘 자라지 않고, 잡초만 무성하게 자랍니까?"

"대지의 여신에게 잡초는 친자식이고, 우리가 아끼는 채소는 의붓자식이기 때문이라오."

잡초도 누군가에게는 귀한 생명을 지닌 존재다.

마음의 상처까지 숨아주는
텃밭 가꾸기

해질녘까지 돌아오지 않는 엄마를 기다리다 지쳐 동네 어귀 텃밭을 향한다. 어둠이 제법 내려앉았는데도 엄마 모습이 보이지 않아 불안했다. 우리 텃밭은 동네 초입에 몇 뙈기가 있었다. 그때도 그리 커보이지는 않을 정도니 얼마나 작은지 짐작이 갈 정도로 아담한 평수다. 멀리서 "엄마~" 하고 부르면, 그제야 "응, 다 했다. 인자 간다. 막둥아" 하며, 엄마도 막둥이 저녁밥이 걱정됐는지 주섬주섬 먹거리를 챙겨 금세 나타나셨다.

소쿠리에는 오이며, 감자 몇 알, 여문 강냉이, 그리고 푸성귀로 가득 채워져 있었다. 행여 무거울까봐 들어주려 해도 엄마는 "됐응게. 얼릉 가 밥 묵자" 하고 걸음을 재촉하셨다. 사실 엄마가 해질녘까지 들어오지 않으셔서 걱정도 됐지만, 밥때가 돼가니 배도 고파 찾으러 나선 것이다.

농사라는 것이 일에 푹 빠지다 보면 욕심이 생겨 이것저것 하는 사이 시간이 훌쩍 지나간다. 갓 수확한 텃밭 야채를 어떻게 하셨는지는 몰라도 몇 번의 손놀림 끝에 벌써 "인자 밥 묵자" 하실 때는 마치 마술을 보는 것 같았다. 그때 그 맛을 지금도 잊지 못해 가끔은 된장에 풋고추와 상추만으로 차려진 밥상을 일부러 즐긴다.

지금 생각해보면 텃밭은 어머니의 놀이터이자, 나의 '도시농업' 실습장이었다. 그 전통기법을 이어받아 원예치료와 도시농업을 지도하고, 강의하는 전문 강사가 됐으니 말이다. 이럴 줄 알았다면 더 많이 배우고, 열심히 일할 걸 하고 생각하기도 한다. 텃밭은 자급식량의 보고였으며, 식자재 보급 창고였다. 겨울이 오기 전 땅속 깊이 무를 저장하고, 위에는 짚으로 따리를 틀어 삿갓 모양으로 덮은 후, 손 하나 들어갈 정도의 구멍을 옆에 내면 한겨울 긴요한 식재료가 됐다. 부추를 심은 곳에는 언제나 재가 뿌려져 있던 기억 역시 선명하다. 또 밭두렁에는 듬성듬성 호박과 오이가 같이 심어져 있었는데, 특히 호박 주변에는 화장실에서 퍼온 인분을 듬뿍 뿌려줘서 호박 주위에는 얼씬도 하지 않았다. 그런데 지금 생각해보면 우리 부모님은 친환경 유기농법을 실천하신 농사의 고수였다.

우리 밭은 큰 밭과 텃밭이 있었는데, 큰 밭은 1마지기약 200평, 666.1㎡ 정도의 황토와 마사가 적절하게 배합된 땅으로 주로 콩, 고구마, 도라지, 보리 등 수확을 많이 할 수 있는 작물 위주로 심었고, 텃밭은 고추, 감자, 당근, 파, 무, 배추, 상추, 쑥갓 등 식탁에 자주 등장하는 친숙한 과채류를 심었다. 당연히 큰 밭보다 가까운 텃밭의 출입이 잦았다. 머리에 흰 수건을 두르고 쪼그려 앉아 김을 매거나 밭일하시던 어머니는 치매가 오기 전까지 텃밭 나가는 것을 가장 행복해하셨고, 낙으로 여기셔서 아무도 말릴 수 없었다. "내 손으로 내가 지어 먹을 때까지만 살아야제" 하시면서 그만 텃밭일 하라는 자녀들의 말을 애써 외면하셨다. 텃밭은 어머니에게 즐겁고 행복한 놀이터였다는 것을 알게 된 지금, 지나치게 만류한 것을 후회한다.

최근 전체 인구의 50%를 육박하는 도시화 진행율은 여러 가지 부작용을 낳고 있다. 도심의 열섬화 현상과 에너지 소비 증가, 미세먼지 등 환경오염이 심각하다. 이를 해결하기 위한 다양한 방법이 있는데 그중 하나가 '도시농업'이다.

정부는 2011년 '도시농업의 육성 및 지원에 관한 법률'을 제정했다. 이를 통해 도심의 자연생태계를 유인하는 효과와 도시 열섬화 현상을 완화하는 환경오염 문제 해결, 그리고 학생들에는 생태 및 자연학습장을 만들어주는 환경교육 효과를 기대하고 있다. 또한 노인과 중장년층은 농사 경험을 바탕으로 하는 노하우로 건강한 노후생활을 장려하는 것은 물론, '텃밭교육 전문가', '도시농업 전문가'라는 새로운 일자리를 가질 수 있는 길도 열려 활성화가 기대된다.

도시농업의 육성 및 지원에 관한 법률에 따르면 도시농업이란 '도시지역에 있는 토지, 건축물 또는 다양한 생활공간을 활용한 농작물을 경작 또는 재배하는 행위이며, 수목 또는 화초를 재배하는 행위'라고 정의했다. 제2조 1항 즉, 도시의 협소한 공간을 최대한 이용해 농사, 원예활동을 하는 것이다. 대표적인 것이 아파트 베란다, 주택 옥상 등이 되겠다.

도시농업을 하려면 무엇보다 농사가 힘들지 않고, 재미있어야 오랫동안 지속될 수 있다. 그리고 다수확 고품질의 욕심보다는 자연적 성장과 결실을 돕고 만족하면 성공으로 본다. 최근에는 도시 근교의 텃밭을 이용해 소외계층의 대화와 소통의 창구로 운영되고 있는 모습은 고무적이다. 예를 들어 서울의 한 지자체에서 독거노인을 대상으로 한 '나비남' 프로젝트가 좋은 사례다. 이 프로젝트는 50대 이상 독거남성들의 사회적 고립을 방지하고, 복지사각지대 해소를 위해 실시한 것으로 나비남의 뜻은 'I'm 非 혼자 男', 즉 '나는 혼자 사는 남자가 아니다'라는 뜻을 담고 있다. 중점 실천사항은 일반 남성 멘토와 1:1 결연을 해 한 달에 1번 만남과 전화통화를 가지며, 집 도배 같은 봉사활동 및 반찬배달 서비스까지 적극적인 지원을 하는 특별한 사업이다. 그중 눈에 띄는 사업은 '희망텃밭'을 가꾸는 것이다. 멘토와 함께하는 이 행사는 재배에서 희망을 찾고, 수확한 농산물은 이웃과 나눔을 통해 얼어붙은 마음을 열고, 사회와 소통하려는 노력을 한다. 무엇보다도 대화의 횟수가 많아지고, 활기찬 웃음을 되찾았다는 것이 고무적인 성과로 평가됐다.

이것을 보면서 텃밭을 가꾸시던 엄마의 모습이 떠올랐다. 아버지의 병환이 오래되자 늘 걱정이셨던 어머니는 상추를 솎아내면서 "아이고, 느그들 아부지 병도 요렇게 솎아지면 좋겠구만" 하며 한숨과 함께 내뱉던 말씀이 지금도 귓전에 맴돈다. 많은 대상자들이 텃밭 활동을 하면서 걱정, 상처, 분노들이 같이 솎아졌으면 좋겠다.

잡초와 전쟁할래?
동거할래?

얼마 전 귀촌한 지 2년 된 지인이 사는 시골마을을 찾아갔다. 언제부터인가 나는 시골에서 여유로운 생활을 하는 은퇴자들의 모습을 로망으로 생각해왔다. 기업체나 관공서 강의 중 품고 있는 꿈이나 소망을 나누다 보면 은퇴 예정 남성의 약 60~70%는 시골에서 텃밭을 일구며 편하게 살고 싶어 한다. 물론 배우자의 반대에 부딪혀 꿈으로 끝난 사람들도 상당하겠지만, 중년 이후의 시골생활이 선망이 된 것은 어제오늘의 일은 아닌 것 같다. 나 역시 마찬가지다. 내가 그리는 노후의 생활공간을 스케치해본다. 넓은 앞마당에 약간의 뒷밭이 있고, 맞은편에는 암탉 5마리, 수탉 2마리, 병아리 7마리를 키우고, 현관 입구에는 똘똘한 진돗개 1마리와 함께하는 것이다. 암탉이 알을 낳으면 달려가 따끈한 온기로 목젖을 채우고, 텃밭의 넝쿨식물들에게 지주대를 꽂아준 뒤, 진돌이와 동네 한 바퀴를 돌고 오면 분명 시장기가 돌 것이다. 이때 풋고추와 된장 그리고 갓 딴 오이로 소박한 점심을 하는 것이다. 이런 꿈을 글로 그리는 순간에도 입가에 미소가 번진다. 행복하다.

오랜만에 만난 지인의 얼굴은 내가 알던 2년 전 모습이 아니었다. 하얀 피부는 이미 검게 그을려 있어 유격훈련을 마치고 돌아온 병사의 모습이었으며, 조금은 지치고 힘들어하는 기색이 역력했다. 주변을 가볍게 산책하는 중에 조심스럽게 물었다.

"시골생활 공기 좋고, 이제는 적응하니 좋으시죠?"

질문이 떨어지기 무섭게 그는 손사래를 친다.

"아이고, 말도 마세요. 처음 이곳에 정착할 때는 몇 평 되지도 않는 텃밭 하나 못 할까 하는 마음으로 즐기면서 여유롭게 생각하고 왔는데, 살다 보니 그게 아닙디다. 눈 뜨면 보이는 게 해야 할 일들로 가득 차서 여유는 하와이로 이민 보낸 것 같아요. 특히 이놈의 풀 정말 대단합니다. 오늘 뽑고 하루 이틀 안 보다가 어느새 무성하게 자라 있는 모습을 보면 시골사람들이 풀과의 전쟁이란 말을 왜 하는지 실감 납니다. 그깟 풀쯤이야 생각했던 게 오판이었죠."

풀, 잡초란 단어는 경작지에 목적물 외 자라는 것으로, 크게 생활에 도움이 되지 못하는 식물을 말한다. 이 말은 풀과 잡초가 얼마나 쓸모없는 것이며, 천대받는 식물인지 알 수 있다. 역설적으로 말하면 잡초란 본디 존재하지 않는다. 경작 목적물은 사람에 의해 정해지기 때문이다. 나는 콩을 심어 수확하고 싶은데, 콩 사이에 듬성듬성 참깨가 자라나 있다면 참깨도 잡초가 된다는 말이다. 좀 더 심한 비유를 하자면 인삼밭에 산삼씨앗이 날아와 몇 군데 자리를 잡고 싹을 틔우면, 엄격한 기준에서 산삼도 잡초다. 이처럼 잡초란 환영받지 못해 뽑히고, 밟히는 것이다.

TV 프로그램 〈인간극장〉이나 성공한 사람들의 인생을 그린 다큐를 보면 잡초 같은 인생을 살다가 결국에는 제대로 정착해 인생의 꽃을 피우는 드라마 같은 사람들의 이야기가 있다. 이런 프로를 보면 잡초인생이 포기가 아닌 희망인생이라는 도전도 심어준다. 이제부터 잡초를 '잡초'라 부르지 말고 '잡초인생'이란 표현도 자제하면 좋겠다. 자연은 끈질긴 생명을 지닌 잡초를 통해 포기하지 말라는 메시지를 전해준 것이다.

잡초는 관심을 두지 않아도 사람들의 비난과 눈총 속에서 굳건하게 잘 자란다. 이런 잡초를 보니 김매시던 엄마 말씀이 생각난다.

"너도 뽑히고 버려지는 삶이지만 징허니 질기다. 막내야, 우리도 힘들지만 잘 이겨내고 앞으로 좋은 날 올 테니 참고 살자. 우리가 지금 농사짓고 힘들지만 잡초처럼 견디고 이겨내보자잉."

이렇게 힘을 불어넣어 주셨던 엄마 말씀을 기억하며, 용기에 엔진을 달고 오늘까지 잘 달려오고 있음에 감사한다. 자연은 그저 쓸모없이 생겨나지 않는다. 잡초는 농부의 눈에 일감을 주는 미운 존재지만, 만약 잡초가 없다면 땅은 어떻게 될 것인가 한 번쯤 생각해봄직하다. 잡초도 땅에서 제 역할을 묵묵히 충실하게 수행하고 있다. 《이솝우화》에 나오는 '잡초와 채소' 이야기를 보면 우리가 얼마나 인간 중심적 사고로 생각하는지 알 수 있다. 한 행인이 채소를 재배하는 원예사에게 물었다.

"왜 채소는 정성껏 가꾸고 물 주는데도 잘 자라지 않고, 잡초만 무성하게 자랍니까?"

"대지의 여신에게 잡초는 친자식이고, 우리가 아끼는 채소는 의붓자식이기 때문이라오."

잡초도 누군가에게는 귀한 생명을 지닌 존재다. 만약 잡초가 없다면 많은 비가 내릴 때 토양이 씻겨 나갈 것이며, 척박한 땅은 경화현상을 보여 채소들이 건강하게 뿌리 내리지 못할 것이다. 잡초의 뿌리들이 땅을 갈아 엎어줘 신선한 공기들이 드나드는 떼알 구조를 만들어 비옥한 땅으로 만들어준다는 사실을 안다면, '잡초와의 전쟁'이란 말 대신 '잡초와의 아름다운 동거'가 맞을 것이다. 또 뿌리째 뽑은 잡초를 작물 옆에 놓고 말려 땅을 갈아주면 좋은 녹비작물의 역할도 담당해낸다. 잡초야, 어디 잘생긴 얼굴 한 번 더 볼까?

프로그램명 : 자존감을 높여주는 텃밭원예교실.

목표 : 야외활동을 통한 적절한 운동으로 신체적 건강을 유지할 수 있으며, 상호 협력과정을 통해 사회성 향상과 자존감을 높여준다.

· 대상 : 자존감이 낮은 집단 또는 개인.
· 준비물 : 호미, 장갑, 텃밭.

과정
· 진정한 잡초의 뜻과 의미를 알면서 생각의 전환점을 갖게 한다.
· 텃밭 김매기를 통해 잡초의 뿌리가 뽑히는 느낌을 표현하고 공감해준다.
· 평가절하된 자신의 삶을 제자리로 돌려놓는 다짐을 한다(예 : 잡초 꽃다발 만들기).

기대효과 : 야외활동 중 부족한 운동량을 보충해주고, 텃밭 가꾸기 과정을 통해 대상자 간, 치료사와의 대화의 횟수와 시간을 늘려 열린 마음으로 지지하고 공감할 수 있다. 또한 잡초에 대한 인식의 전환을 통해 낮은 자존감을 회복할 수 있게 된다.

유기농에 주목하시오

치매 예방 특강이나 건강교실 세미나를 할 때 가끔 이런 질문으로 시작한다.

"우리가 오랫동안 건강하게 잘 살아가는 방법이 세 가지가 있는데, 아시는 분 계신가요?"

처음에는 다들 머뭇거린다. 뭐 대단한 답일 것이라 생각하기 때문일 것이다. 그러나 원만한 진행을 위해 첫 말문을 띄운다. "잘 먹고…" 그러면 이구동성 "잘 자고 잘 배설하는 것"이라고 시원하게 답한다. 이미 많은 분들이 잘 알고 있는 것이다. 그럼에도 불구하고 반복하면서 강조하는 이유는 아는 것과 실천하는 것은 많이 다르기 때문이다. 질 높은 수면이라든지, 규칙적인 배설의 기쁨을 통해 건강을 찾는 방법은 개인의 미약한 경험으로 논할 수 없다. 하지만 잘 먹는 것은 평소 습관처럼 잘 실천하고 있는 나의 모습을 보면서 지극히 주관적이지만 설득력 있는 잘 먹는 방법을 공유하고자 한다.

나는 평소 건강을 위해 시간을 내어 운동을 한다든지, 아니면 운동 클럽에 가입해 활동하지 않는다. 야간수업이 잦기 때문이기도 하거니와 정기권을 끊으면 1주 이상 가지 못하고, 포기하는 징크스를 가지고 있기 때문이다. 오로지 꾸준히 하고 있는 운동은 바로 숨쉬기 운동이다. 즉, 스트레칭을 자주 하는 편이다. 의자에 앉아 있거나 뉴스를 보는 동안에도 팔다리를 가만두지 않는다. 이리 비틀고 저리 꺾으며 몸을 괴롭히는 것이 취미다. 격을 지키는 자리에서는 지나친 몸놀림이 불편하면 손가락 마사지를 한다. 손가락 사이사이와 뼈를 지그시 눌러주면 약간의 통증에 쾌감을 느낀다. 특별한 운동은 하지 않지만, 걸을 때 바른 자세로 가슴을 활짝 펴고 걷는 것과 수시로 해주는 스트레칭으로 부족한 운동을 대신하고 있다.

잘 먹어 건강을 유지하는 나의 식습관을 처음으로 공개한다. 개인의 경험치라는 것을 미리 밝히며, 공감되는 부분은 실천한다면 더 기분 좋은 몸이 되지 않을까 생각한다. 먼저 아침식사는 꼬박꼬박 챙겨 먹는다. 즉 공복으로 하루를 시작하지 않는 것이다. 더구나 말을 많이 하는 강사로서 아침을 거르면 에너지가 고갈된 느낌이 들어 목소리의 생기가 떨어짐은 물론, 전달의 파급력이 약해지는 것을 자주 경험했다. 부득이 아침을 놓친다면 사과 한 조각이나 우유 한 잔이라도 반드시 위에 챙겨준다. 수십 년간 지속된 식습관이라 위가 기억하고 있기 때문에 실망시켜주고 싶지 않은 욕심이다.

　두 번째 식습관은 소식을 하고, 가공식품을 멀리하는 것이다. 뷔페에서 내가 식사하는 모습을 보면 사람들은 "그것 먹고 힘이 나겠어요? 다이어트 중이신가 봅니다"라는 말을 하곤 한다. 또한 내가 야채를 많이 먹는 것에 관심을 보이는 사람들에게는 "나는 원래 염소띠입니다"라고 유머로 웃어넘긴다. 특히 밥은 한 공기가 조금 안 되게 먹는다.

　요즘 편의점을 가보면 입맛을 유혹하는 즉석음식들이 개발돼 인기를 끌고 있다. 우연한 기회에 먹어 봤는데 그 맛에 중독되고도 남을 만큼 정말 잘 만들었다. 그렇지만 이런 유혹을 거절할 나이가 됐는지, 지금은 즉석 가공식품에 아예 눈길도 안 준다. 또 먹고 싶다는 생각도 안 들어 다행이다. 나 같은 사람만 있으면 많은 식품회사들이 경영난을 겪을 수도 있을 텐데, 다행히 그렇지 않은 분들이 더 많은 것 같다.

　세 번째 나만의 건강 식습관은 제철 과일을 일부러 찾아 먹는다. 수박, 참외, 복숭아, 자두, 포도, 딸기, 토마토, 그중 사과는 연중 끊이지 않고 즐겨 먹는다. 가능한 수입 과일보다 우리나라에서 재배되는 과일 위주로 먹는 습관이 생겼다. 이 중 포도와 사과, 토마토는 의도적으로 많이 먹으려고 노력한다. 배고픔을 느끼면 과일로 포만감을 채우는 경우가 많다.

　최근에는 좀 비싸더라도 친환경 유기농 과일을 먹고 있다. 일반 과일보다 1.5~2배 가까이 비싼 유기농 과일을 챙겨 먹는 이유는 도시농업 교육을 하면서 유기농법의 수고를 익히 알고 있기 때문이다. 유기농법은 자연과 환경을 보호함으로써 생명의 근원인 땅을 살리고, 나아가 지구를 살리는 위대한 생명 살리기 운동의 하나이기에, 환경보호 실천에 동참하는 마음으로 같이한다. 잘 먹는 나만의 방법 3가지를 소개했는데, 지극히 개인적인 습관이며, 주관적 신념임을 다시 한 번 밝힌다.

지금부터는 유기농법의 중요성과 유기농법의 간단한 실천방법을 기술하고자 한다. 이 글을 읽는 독자 한 사람 한 사람이 작은 실천을 하고, 변화하기 위해서 노력한다면 생태계 질서도 바르게 회복될 것이다.

농촌진흥청 국립농업 과학원에 의하면 유기농업이란 '비료, 농약 등 합성된 화학자재를 일체 사용하지 않고, 유기물·미생물 등 천연자원을 사용해 안전한 농산물 생산과 농업생태계를 유지 보전하는 농업'이다. 국제 기준에 의하면 유기농업이란 '농업 생태계의 건강, 생물의 다양성, 생물순환 및 토양 생물활동 증진을 위한 총체적 체계농업'이다. 더불어 유기농업은 사회, 경제, 환경적 측면에서 일석 삼조의 효과가 있는, 앞으로 우리가 추구해야 할 미래지향적인 농업 형태임을 강조하고 있는 것도 눈에 띈다.

유기농법의 실천과제 중 우선순위는 토양의 질 개선과 회복이다. 1970년대 중화학공업의 눈부신 발전과 더불어 대량생산의 기폭제가 된 화학비료, 화학농약은 농사짓는 데 없어서는 안 될 필수품이었다. 억센 잡초도 농약 한 방이면 깨끗하게 해결됐고, 병해충에 감소된 수확량도 화학비료 덕분에 다수확의 기쁨을 줬다. 이에 대해 갚아야 할 보상은 상상 외로 커졌다. 환경생태계가 파괴됐고, 땅은 더 이상 살아 있지 않게 됐다. 생명의 땅이라는 말이 무색할 정도로 산성화됐으며 경화돼버렸다. 이대로 몇 년간 이어진다면 땅에서 나온 농산물을 먹고 자란 우리 역시 화학인간이 될까 두렵다. 지금이라도 늦지 않았다 생각하고, 뜻있는 사람들이 하나하나 모여서 토양 회복 운동에 동참하고 있으며, 정부 역시 적극 장려하고 있는 것은 고무적인 현상이다.

화학비료와 화학농약을 최소화한다는 것은 대량생산과 외형상의 질 높은 농산물 생산을 포기해야 한다. 대신 수확량은 적고, 외형 역시 작고 볼품없지만 우리 몸에 이로운 농산물을 음식으로 섭취한다면, 땅도 건강하고, 몸도 튼튼해질 것이다. 일상생활에서 쉽게 실천할 수 있는 친환경 방제, 친환경 영양제를 만드는 방법은 생각보다 쉽다.

친환경 방제의 대표적인 난황유를 만드는 방법은 다음과 같다. 먼저 계란 노른자 1개, 식용유 60ml, 물 80ml, 이 세 가지를 믹서로 곱게 간다. 그 뒤에 물 20L와 희석해 사용하면, 진딧물, 응애 예방과 치료 효과를 볼 수 있다. 살포시 분무기를 이용해 잎 뒷면에 뿌려주면 된다.

식물의 보약으로 불리는 난각칼슘 제조법 역시 간단하다. 준비물은 계란 껍질, 식초만 있으면 된다. 순서는 계란 껍질의 흰 막을 제거 후 가루로 잘게 부순다. 잘게 부서진 계란 껍질 50g에 식초 1L를 부은 후 신선한 곳에 일주일 동안 보관하는데, 하루 1~2회 병뚜껑을 열어줘야 한다. 기포가 올라와 팽창하기 때문이다. 7일 정도 숙성 후 물과 1 : 200 정도 희석해 작물에 분무해주면 무름병 등을 예방해줄 뿐 아니라 뿌리도 건강해져 병해로부터 강한 방어능력을 갖게 된다. 이 밖에 EM 용액, 부엽토, 목초액, 오리와 우렁농법 등 다양한 친환경 작물재배법이 있다.

다시 한 번 강조하자면 생태와 환경회복을 위해 인내심을 갖고 적극적인 활용을 한다면, 언젠가는 자연이 건강한 식탁으로 우리에게 보답해줄 것이다. 느리지만 안전하게 이제는 유기농에 주목할 때다.

살수가 살수대첩 맞지요?

다음 글은 미니 단호박 씨앗 뒷면에 있는 내용 설명서다. 잘 읽고 정확한 뜻을 이해할 수 있는 문장이 몇 개나 되는지 테스트해보자.

1. 특성
1) 무게가 500g 전후로 흑록색 과피에 잔줄이 있고, 호박 높이가 낮은 미니 밤호박이다. 육질은 강분질로 전자렌지에서 5~8분 가열해 먹을 수 있다.
2) 초세가 강하고, 후기의 초세 후퇴가 완만해 장기간의 수확이 가능한 풍산종이다. 다른 밤호박보다 소엽으로, 절간이 약간 짧고, 강건한 초세가 된다.
3) 암꽃은 3~4마디에 안정되게 착생하고, 개화 결실 후 35~40일 전후로 수확되는 조생종이다.

2. 육묘

발아는 지온을 25~28도로 유지하면 일시에 발아된다. 포트에 심는 적기는 파종 후 7일경으로 9~10.5cm 포트에 이식한다. 활착 후 서서히 최저 지열 13~15도를 유지하며 모의 도장을 방지시킴과 암꽃 분화를 촉진시킨다. 상토의 질소 과다와 온도관리에 주의해 절간이 짧고 강건하게 자라게 한다.

(중략)

3. 수확과 출하

착과 후 35~40일경 수확한다. 열매꼭지 부분의 경화, 또 그 주변 전체의 균열, 또 과피의 색이 담록색에서 농록색으로 변할 때가 수확 적기다. 완숙과를 수확한다. 병충해 방제에 대해서는 일단 단호박에 준하지만, 미니 단호박은 특히 수확기간이 길어서 주의를 요한다. 수확은 과경을 약 2cm정도 붙여서 예냉처리나 풍건을 시킨 후 출하한다.

    중간에 정식, 정지, 착과, 망재배에 관한 설명은 생략했다. 한글을 모국어로 하고 있는 평범한 사람들 중에 위에 기재된 단어의 뜻을 이해할 수 있는 사람이 과연 몇 명이나 될지 의문이다. 농사, 농업용어가 이렇게 어렵다니 별도의 농업사전을 가지고 외우며 농사하란 말처럼 들린다.

    쉬운 말, 풀어 쓰기로 이해하기 쉽게 충분히 적을 수 있는데 굳이 이런 한문용어를 병기해야 알 수 있도록 고집스럽게 써놓은 것에 상당히 불만스럽다. 더구나 농사일을 하는 대부분의 사람은 고령이다. 곰곰이 생각하니 우민정책의 한 부분이 아닌가 싶다. 농업 관련 지도자들만 알 수 있는 어려운 용어를 나열함으로써 우월성을 보이며, 또 절대적인 농사 전문가로 권위를 세우고 싶은 은밀한 작전이 아니길 바랄 뿐이다. 그러나 어쩌랴. 한 번에 고쳐 사용되기는 어렵겠지만 하나씩 쉬운 말로 설명될 날이 빨리 돌아올 것을 확신하고 기대해본다. 그 전까지는 알아두면 손해는 없을 것 같아 농업 관련 필수 단어를 이해하기 쉽도록 적어본다. 참고하면 언젠가는 도움 될 단어들이다. 한문이 함께 쓰여 있으면 훨씬 이해하기 쉬울 것이다. 그것도 한문 세대에게나 해당되겠지만 말이다.

- 살수(撒水) : 물 뿌리기(단원 주제에 올려질 만큼 재미있지만, 의미는 완전히 다르다).
- 과숙(過熟) : 농익음(지나치게 많이 익은 상태).
- 미강(米糠) : 쌀겨.
- 엽채류(葉菜類) : 잎채소류(상추, 치커리, 배추, 시금치, 열무 등 잎채소류를 일컫는다).
- 포복경(匍匐莖) : 기는 줄기(호박, 오이 등 넝쿨식물이 대부분이다).
- 과피(果皮) : 과일껍질(유사어로 나무껍질을 뜻하는 수피(樹皮)가 있다).
- 차광(遮光) : 빛가림(차광은 일상생활에도 많이 사용하고 있어 익숙하다).
- 회분(灰粉) : 재(그냥 재라고 하면 얼마나 좋을까? 살짝 아쉽다).
- 채종(採種) : 종자생산(또는 종자채집, 이 단어 역시 일상어로 많이 사용된다).
- 이식(移植) : 옮겨심기.

- 최아(催芽) : 싹 틔우기.
- 침종(浸種) : 씨담그기.
- 선종(選種) : 씨 고르기.
- 연작(連作) : 이어짓기.
- 이앙기(移秧期) : 모내는 시기.
- 수잉기(穗孕期) : 이삭 베는 시기(이 말은 너무 생소하다).
- 혼작(混作) : 섞어짓기.
- 가식(假植) : 임시 심기(반대말로 정식, 아주 심기가 있다).
- 간벌(間伐) : 솎아베기.
- 객토(客土) : 새 흙 넣기(모 심기 전 논에 황토를 섞는 작업이다).
- 경운(耕耘) : 흙 갈이.
- 기비(基肥) : 밑거름(밑거름이 더 편하다).
- 도장(徒長) : 웃자람(농사용어로 일반화된 용어).
- 도복(倒伏) : 쓰러짐(쓰러짐이 훨씬 쉽다).
- 만상해(晩霜害) : 늦서리 피해.
- 멀칭(Mulching) : 바닥덮기(멀칭 역시 일상 언어로 많이 사용된다).
- 복토(覆土) : 흙덮기(흙덮기로 부르면 좋겠다).
- 부초(敷草) : 풀 덮기(풀 덮기로 부르면 좋겠다).
- 비배관리(肥培管理) : 거름 줘 가꾸기.
- 심경(深耕) : 깊이갈이.
- 이병수율(罹病穗率) : 병든 이삭율(한글로 해석해주는 단어가 더 편하다).

열거해보니 재미있는 단어도 많고, 아주 생소한 단어도 많다. 굳이 이런 용어를 고집할 필요는 없는 듯하다. 최근 듣기 민망할 정도로 원색석인 꽃이름들도 언어 순화차원에서 아름다운 말로 개명해 불러지고 있다. 새 이름을 갖는 것이다. 이름은 부를 때 발음이 편해야 자주 불려진다. 듣기에도 거부감이 없다면 최고로 좋은 이름일 것이다. 농촌진흥청 등 관계기관에서 점차적으로 쉬운 농사용어 사용을 장려하는 운동은 고무적이며, 그렇게 불러질 날이 얼마 남지 않을 거라 기대가 된다. 을지문덕 장군이 다시 나타나시기 전에 바꿔지길 기대한다.

원예치료 현장 리포트

제 8 장

"우리 아이는 지적장애를 가지고 있어 뭘 해도 안돼요!"라고
미리 포기하지 말아야 한다.
그들이 느끼는 감정은 본능적이며, 빛의 속도처럼 빠르다.
그들의 마음을 제대로 읽지 못한다면
우리 역시 거친 마음을 가진 '소통 장애인'이 될 것이다.
마음이 가난해 꽃을 꺾어도 아픈 줄 모르는
사람들 역시 심각한 중증 장애인이다.

천사의 집에
웃음꽃이 피었습니다

　우연히 맺어진 성인 여성 정신장애인 요양시설과의 인연은 나에게 삶의 재충전과 힐링의 시간이었다. 봄이면 성모마리아상 옆으로 앞다퉈 피는 작은 꽃들의 속삭임으로 시작해 국화향이 진동하는 늦가을까지 방학을 제외하곤 1달에 2번 정도 만난 것 같다.
　그들을 처음 대할 때의 내 마음은 썩 그리 편치만은 않았다. 기존 학생들 수업과는 비교할 수 없을 정도의 환경과 여건이었기 때문이다. '이번까지만 하고 다음에는 바쁘다는 핑계 대고 그만해야지'라고 결심한 것이 벌써 3년째니 정이 너무 많이 든 것 같다. 매주 수요일 아침이면 나도 몰래 가벼운 발걸음으로 그곳을 향하고 있으니 말이다. 하지만 첫 만남의 이미지는 무거웠다. 질문에 대한 반응도 없고, 연로하신 분도 계셔서 난이도 있는 프로그램 진행은 어려웠다.
　매너리즘에 푹 빠지기 쉬운 대상자인데 이상하리만큼 끌어당기는 매력에 나는 그만 주저앉고 말았다. 가만히 생각해보면 수업을 마치고 시설을 나오는 순간 복잡한 생각은 사라지고, 머리가 맑아지며, 충만한 기분에 라디오에서 흘러나오는 노래를 따라 부르는 내 자신을 보면서 놀란 것이 한두 번이 아니었다.

이렇듯 매주 경험하는 청량함의 원천은 무엇일까를 늘 고민해오던 중 하나의 이유를 발견했다. 그것은 내가 성인 여성 정신장애인들의 인기를 한 몸에 받고 있는 '스타 중의 스타'라는 사실이었다. 이어지는 사례들을 보면 충분히 공감할 것이다. 참고로 프로그램에 참여하는 대상자의 호칭은 나이의 많고 적음을 떠나 '이모님'이라는 호칭을 통일해 사용했다. 자세히 보니 참여자의 2/3 정도는 나보다 나이가 어린 것 같았는데, '이모님' 또는 이름 뒤에 'ㅇㅇ 이모님'이라고 부르는 것이 처음에는 어색했다. 하지만 첫 시간 이후부터는 자연스럽고, 정감 있는 호칭이 됐다. 지금부터 나의 팬클럽 회원들 소개한다.

※ 최ㅇㅇ : 60대 중반 정도로 환청이 자주 들려 수업 중 갑자기 욕을 하거나 돌발행동을 하기도 하지만, 환하게 웃는 모습은 송혜교 이상이다. 까칠한 성격에 자기주장이 강해 복지관 선생님들도 조심히 대하는 분이다. 이분과의 인연은 욕으로 시작돼 순간 당황했지만, 많은 경험으로 충분히 이겨냈다. 그런데 이분의 특징이 있다. 꽃을 꽂거나 식물을 심을 때면 누구보다도 적극적인 참여를 하는 것이다. 다만 왼손에 가방을 항상 들고 있어 부자연스러운 상태여서 완성도 높은 결과물을 기대하기 어렵지만, 꽃을 보면 웃고, 식물을 보면 행복해하는 모

습을 자주 보았다.

　차츰 친해지고 관심을 보이자 7회기 때부터는 나의 매력에 푹 빠졌다. 수업을 마치고 돌아서면 갑자기 내 팔을 툭 치며 본인을 보라고 한다. 내가 보는 순간 갑자기 양손을 이마에 대고 쪼그려 앉아 큰절을 올리신다. 황송하게도 나에게만 그런 반응을 보이셨다는 후문에 연세 드신 어르신에게 큰절을 받은 미안한 마음도 있지만, 뿌듯한 마음도 들었다. 더욱 놀라운 것은 갑자기 화내고, 욕설을 내뱉으며, 얼굴은 붉어져 흥분 상태일 때 "원예수업 시작합니다. 신상옥 선생님 오셨어요"라는 순간, 천사로 변하는 모습이 지금도 눈에 선하다. 이 정도면 '신상옥 덕후'로 인정해야 한다.

　※ 김○○ : 50대 후반에 조용하고 침착한 성격이며, 자주 웃음을 줘 시설에서도 인기 많은 이모님이다. 이분의 정보를 사전에 알게 되면서부터 급속도로 친밀해졌다. 이분은 중학교 시절 반에서 1등을 할 정도로 성적이 우수했다고 한다. 프로그램 시작 전이면 머리를 깨끗하게 감고, 곱게 빗어 넘긴 모습까지는 성공적이다. 그런데 수업 시작과 동시에 꾸벅꾸벅 졸면서 고개를 푹 숙인다. 수업 전 먹은 약 기운이 퍼져 본인의 의사와 무관하게 무기력하고 졸리며 입이 마르기 때문이다.

　이때 쓰는 나의 특효약이 있다. "전교 1등 이모님이 졸면 어떻게 해요? 계속 졸면 2등으로 밀려요"라고 하면, 금세 휘둥그레진 눈으로 "예? 안 졸았어요" 하고 빙긋 미소로 답해준다. 학창시절 우수한 학업성적에 대한 프라이드를 갖고 있어 어려운 문제를 제시하면서 "전교 1등 이모님은 할 수 있습니다"라고 하면, 여지없이 정답을 맞히는 골든벨 이모님이다. 배려하는 마음도 1등이다.

※ 이○○ : 60대 중반에 지적이며 자존심이 강한 유학파 이모님이다. 가끔 지나치게 많이 알고 있는 지식을 쏟아내 안티 동료도 있다. 실제 프로그램 중 이○○ 이모님이 참석하면, 정○○ 이모님은 배가 아프거나 머리가 아프다는 핑계로 수업을 포기할 정도였다. 이유인즉 아는 것이 너무 많다는 것이다. 내가 하나 질문하면 관련된 모든 정보를 슈퍼컴퓨터처럼 줄줄 쏟아내는 솜씨가 놀랍기도 하지만, 혼자서 사랑과 관심을 독차지하려는 모습이 보여 아마도 다른 이모들이 불편해했던 것 같다. 그런 이지적인 이모님에게서 최고의 극찬을 받았다.

"내가 알기로는 원예치료 교수님이신데 지금껏 선생님, 교수님, 박사님들이 많이 오셔서 좋은 말도 하고 수업도 했지만, 교수님처럼 우리를 인간적으로 대해주신 분은 못 봤어요. 어쩌면 저희들의 마음을 그렇게 잘 이해하시고 헤아려 주시는지 우리는 복 받은 사람들이네요. 교수님은 우리를 울렸다 웃겼다 하시는 천재입니다."

어찌할 줄 몰라 "이모님, 여기서 이러시면 안 됩니다"라고 유머러스하게 말했더니, "또 기분 좋게 웃겨 주시네요. 하하하" 하셨다. "이런 극찬을 해주셔서 감사합니다. 그것도 해외유학파 이모님에게서요"라고 감사의 마음을 전했다. 이런 천국이 있기에 힘들어도 다시 찾게 되는 것 같다.

※ 이○○ : 40대 초반으로 무심하고, 관심 없는 듯하지만 원예시간만큼은 최고의 실력을 뽐낸다. 노래로 마음을 풀고 일부러 내는 활기찬 목소리가 마음에 들었는가 보다. 맞은편에 앉아 있던 정○○ 젊은 이모가 갑자기 "선생님 우리랑 같이 살아요"라고 말하자, 곧바로 "야, ○○○아. 우리랑 같이 살려면 선생님도 ○○야 돼"라는 충격적인 말에 그만 머리가 하얗게 정지됐다. 이어 "선생님은 우리랑 달라서 안 돼"라는 말을 하는 것이었다. 웃음으로 순간을 모면하고 분위기를 수습했다. 이○○ 이모님은 밖으로 출입하는 내가 부러운 모양이었다. 차가 움직이는 순간까지 손을 흔들면서도 무심한 듯 인사를 보낸다. 행복이 밀려온다.

※ 홍○○ : 70대 중반 최고령으로 깔끔한 이미지에 청각장애가 있다. 꽃을 누구보다도 좋아하고, 꽃 욕심도 많아 좋다. 언제나 제일 앞자리에 앉고 조금이라도 남는 꽃은 홍○○ 이모님 차지가 된다. 스킨십을 좋아해 나를 보면 손을 꼭 잡고 두 손을 합장해 인사하는 모습에 송구스럽기까지 하다. 〈나는 기뻐요〉라는 구전노래를 한국어, 일본어, 영어, 중국어 4개 국어로 능숙하게 불러주시며 분위기를 살릴 때 초청가수로 소개돼 한바탕 웃곤 한다. 모든 원예식물 결과물을 정성껏 관리해서 늘 푸르고 싱그럽게 만들어준다. 내가 등장하는 순간 제일 먼저 달려 나와 두 손을 꼭 잡고 흔들며, 지난 한 주 보살핀 꽃들 이야기

로 시작하는 홍○○ 이모님이 계셔서 행복하다.

※ 김○○ : 30대 중반에 프로그램 참여자는 아니다. 2층에 사는 이모님으로 내 차가 도착하면 숨어 지켜보다가 프로그램 시간 동안 내 신발을 뒤춤에 숨기고 구석에서 기다리는 왕팬 이모다. 오늘도 수업을 마치고 나서는데 내 신발이 사라져 두리번거릴 때 짜잔 하고 나타나 수줍은 미소를 보내며 "여기요"라고 전해준다. "왜 신발을 가지고 있었나요?"라고 물어보면 "가실 때 발 시리지 않고 따뜻하시라고"라고 답한다. 오, 이런 대접을 내가 받아도 되나? 하지만 그냥 지나치면 안 되기에 "다음부터는 절대 신발 만지지 마세요"라고 부드러우면서도 단호한 어조로 말했다. 그다음에 가보니 신발이 그대로 있어 참 마음씨 고운 이모님이구나 생각하고 신발을 신는 순간, 이모님이 또다시 짜잔 하고 나타나셨다. 한 손에는 이미 꿀물음료가 들려 있었다. "피곤하실 텐테 가시면서 드세요" 하고 수줍게 전하고 금세 사라져버렸다. 내가 무엇이기에 나 같은 사람을 위해주고 관심을 주시다니 미안하고 고마운 마음으로 가득 찼다. 나는 사랑받을 만한 자격이 있는가, 진심으로 대상자의 입장에서 프로그램을 진행했는가를 반성하며 그동안의 수업을 되돌아본다. 나의 말과 행동 하나로 많은 분들이 삶의 기쁨과 희망을 낚았으면 좋겠다. 다음 주에는 또 어떤 이벤트로 장식될지 무척 기대된다.

난 혼자가 아니야.
독거노인 친구 맺기 프로젝트

프로그램명 : 독거노인 친구 맺기 프로젝트

목표 : 원예활동을 통해 생명의 신비와 소중함을 알게 되며, 집단 구성원 간의 유대관계를 통해 친구관계를 형성하면서 소통하는 기술을 익히고 실천할 수 있다.

- 대상 : 경도 이상의 우울증세를 가진 홀몸 어르신 남녀 8명.
- 일반적 특성 : 삶의 의욕이 상실되고 심한 우울감 증세를 보임. 외부와 단절된 생활.
- 기간 : 원예치료 8회 실시 후 상담지원서비스.

우리나라는 세계에서 유래 없이 급속한 고령화를 경험하고 있다. 2017년 기준 우리나라의 노인인구는 707만 명을 넘어 전체 인구의 13.8%를 차지해 이미 고령사회에 진입했다._{통계청, 2017} 이러한 노인 인구의 증가 배경을 사회환경적인 요인으로 보면 보건의료기술의 발달, 건강에 대한 관심의 증가, 충분한 영양섭취, 위생과 안전 환경에 대한 관심 증가로 볼 수 있으며, 사회구조적 요인으로는 평균수명의 연장과 사망, 출산율의 저하, 그리고 베이비붐 세대의 노인 인구로의 전환을 들 수 있다.

지난 2000년 우리나라 65세 이상 인구 중 1인 가구는 약 55만 명이었으며, 2007년에는 88만 명으로 꾸준히 증가하고 있다. 2010년 우리나라 65세 이상 독거노인은 102만 가구로 총 가구의 6.0%를 차지하고 있고, 독거노인의 가구비율은 꾸준히 증가추세다. 2030년에는 독거노인 인구가 282만 명으로 전체 노인인구의 22.2%가 될 것으로 전망되고 있다. 장래인구추계, 장래가구추계, 통계청

고령화와 맞물려 꾸준하게 증가하고 있는 독거노인은 새로운 사회적 이슈로 떠오르고 있다. 경제적인 생활이 확보된다면 좀 더 낫겠지만, 독거노인 대부분은 경제적 어려움, 건강악화, 사회와 단절로 인한 고립의 3중고를 겪고 있기 때문이다. 살아가는 하루하루가 지옥이며, 빨리 생을 마감하고 싶어 하는 자살 징후를 보이기에 더욱더 사회적 관심과 밀착된 복지서비스 제공이 필요하다.

원예치료 프로그램에 동참한 대상자 대부분은 삼중고를 겪고 있는 노인으로 구성됐다. 원예치료 실습현장까지 오게 하는 설득 과정도 쉽지 않았다. 문을 두드려도, 전화를 해도 일부러 피하시는 어르신도 계

셨기 때문이다. 그러나 그 장벽이 허물어지는 데는 그리 많은 시간이 필요하지 않았다.

"어르신! 우리 센터에서 오늘 꽃을 드린답니다. 모시러 갈게요. 지금 나오세요"라는 복지사의 친절한 멘트에 빼꼼히 문을 여시고 "뭔 꽃을 공짜로 준다요?"라고 마지못해 나오시는 척 쭈뼛대는 발걸음은 천진난만한 어린아이의 모습이었다. 사회복지사 선생님도 미소로 반갑게 맞이해주셨다.

첫 시간에는 서먹서먹하고 서로에게 눈길도 주지 않았다. 특히 남자 어르신 세 분은 시선 처리를 곤욕스러워 하셨다. 모든 것이 낯설어 보였다. 그동안 누구와 따뜻한 대화나 식사를 마음 편히 해본 적이 없었기 때문이다.

자기소개는 게임으로 재미있게 풀어 나갔다. 무릎 치고 손뼉 치고 고개를 흔들며 하는 자기소개인데 이름, 사는 동네, 나이 이 세 가지만 하기로 약속했다. 나이는 지하철 노선과 출구를 응용했더니 다들 너무 좋아하셨다. 예를 들면 64세는 '6호선 4번 출구' 이런 식으로 말이다. 첫 시간은 성공적이었다. 만남의 기념으로 장미꽃을 선물로 드렸다. 태어나 처음 받아보신다는 분이 세 분이나 계셨다. "다음 주 또 와도 되지요?"라고 예약하신 어르신도 계셨다. 이번 프로그램도 성공 예감이 든다.

2회기는 그리운 사람, 보고 싶은 얼굴을 생각하며 전해주는 '내 마음을 받아줘. 꽃바구니 만들기' 프로그램이었다. 호기심과 흥분된 얼굴로 꽃을 꽂는 시간만큼은 삶의 활력을 되찾는 모습을 보였다. 그런데 주제와 연결해 편지 쓰는 시간을 갖게 되면서부터 반전이었다. 편지 쓰기에 익숙하지 않아서일까 하는 생각은 나의 편견이었다. 그동안 마음속에 깊은 상처를 갖고 있어 아무리 꽃이 예쁘다고 쉽게 빗장을 열지 않았다. 여기에 참가한 홀몸 어르신의 특징을 보면 상황 이해가 빠를 듯하다.

☀ 이○○ : 78세 남자 어르신으로 독거생활 25년째다. 호남형 외모로 편지를 쓰지 않으려 하셨다. 충분히 기다려 주면서 누구한테 쓰시려고 하는지 조심스럽게 물어봤다. 바로 아들이었다. 대형운수업으로 성공한 어르신은 탄탄하고 잘나가는 기업가였으나 건달생활을 하는 아들이 개입하면서부터 3년 만에 부도가 났다. 결국 전 재산까지 탕진하고 가족이 해체되는 아픔과 상처를 가지고 계셨고, 이에 대한 분노를 갖고 계신 어르신이었다. 도저히 용서할 수 없고 생각만 해도 치가 떨려오는 아들자식에게 편지 쓸 마음이 나지 않는다고 하셨다. 하지만 치료사로서 공감하고 인정해주는 나를 믿으셨는지 눈빛이 부드러워지면서 촉촉해지기 시작했다.

프리지아 꽃을 보니 처음에는 꽃이름과 연상되는 '후레자식'이란 욕이 나왔는데, 향을 맡으니 기분이 좋아지면서 분노가 향과 함께 날아가버렸다는 것이다. 그리고 소리 없는 눈물을 쏟아내셨다. 옆에 계신 어르신도 함께 울고 계셨다. 어느새 두 분은 말없이 친구가 돼 있었다. 그러고는 그분은 펜을 들어 편지를 쓰기 시작했다.

"그동안 너를 죽도록 미워해서 정말 미안하다. 살아 있으니 얼굴 한 번 보자. 못난 애비가."

※ 김○○ : 72세 남자 어르신으로 독거생활 32년째다. 호리호리한 외모와 마음만은 청춘으로 3회기 때 스타가 되신 분이었다. 외모에서부터 범상치 않던 어르신은 여자 어르신에게 인기를 얻고 싶은 마음이 충만한 혈기왕성한 분이었다. '해바라기 인생'이란 주제로 진행된 프로그램은 해바라기 꽃말과 생태적 특징 그리고 시사점을 주는 프로그램이었다. 여생을 좋아하는 것, 잘하는 것을 찾아 후회 없이 살아가자는 메시지였다.

김○○ 할아버지는 이때다 싶으셨는지 젊은 날의 자랑을 훈장처럼 늘어놨다. 신발 장사를 하셨던 어르신은 일주일 동안 열심히 돈을 모아 당시 현금으로 약 100만 원 정도를 들고 다방을 출입하셨다. 처음에는 차를 주문하고 마담에게 만 원 한 장씩 팁으로 주면서 호감을 사고, 가끔 돈을 꺼내면서 뭉칫돈을 흘리거나 보여주면 주변에 있던 아가씨들이 몰려들었는데, 그 황홀감과 성취감을 잊지 못한 것이 화근이었다. 그 순간만큼은 남진, 나훈아 인기보다 더 높았기에 결혼은 생각하지도 않은 채 수많은 여성을 만나기 시작했다. 할아버지는 약 500명의 여성과 짧은 교제를 즐기셨다. 1,000명이 목표인데 지금까지 510명을 달성해 죽기까지 목표는 못 채울 것 같다고 해 웃음바다로 만드셨다. 무기였던 돈이 고갈됐기 때문이다. 그런 삶을 후회하지 않는다고 하셨는데, 지금은 전기세도 아까워 밤이면 불도 켜지 않는다는 말을 듣고, 삶의 가치와 기준에 따라 달라지는 의식의 중요함을 느끼는 교훈을 얻었다.

※ 김OO : 79세 여자 어르신으로 독거생활 20년째다. 지적이며 단아하시다. '다육식물이 남긴 말'이란 주제로 어려움 속에서도 꿋꿋하게 삶을 헤쳐 나가는 다육식물의 특징을 잘 전달하는 프로그램을 할 때였다. 식물 소재는 꽃이 피어 있는 칼랑코에를 이용했다. 프로그램 소감을 묻자 "혼자 지내는 방은 형광등을 켜도 늘 어둡고 무거웠는데, 이 꽃을 보니 마음의 전기가 들어와 이제는 외롭지 않을 것 같다"라는 소감을 남기셨다.

대표적인 3명의 어르신을 대상으로 원예치료 사례를 옮겼다. 확실한 건 꽃은 향기로 곤충을 부르고, 색으로 사람의 마음을 사로잡는다는 것을 보여줬다. 얼음처럼 차갑고 쇠창살처럼 굳게 닫힌 마음으로 삶을 원망하며 살아가는 이들에게 꽃은 먼저 손 내밀어 친구가 돼줬다. 그리고 마법에 걸린 것처럼 꽃을 향해 한 걸음 다가서는 모습은 감동의 드라마가 됐다. 사람은 누구나 언젠가는 혼자인 삶을 맞이하게 된다. 그렇다고 무기력해하며 우울증에 빠지거나 사회와 단절돼 살아간다면 그 깊이는 헤어 나올 수 없는 수렁과 같을 것이다. 이제 당당히 세상 밖으로 나가 이웃과 소통하고, 사회와 교류하려고 노력해야 한다. 인간은 사회적 관계가 든든해야 정서적 안정이 생기기 때문이다. 생각만큼 실천이 어렵다면 꽃들을 이용해보라고 권한다. 꽃들은 언제나 옳기 때문이다.

꽃 꺾으면 '아야' 한다

프로그램명 : 지적장애인 부모와 함께하는 '엄마, 도와주세요.'

목표 : 원예활동 과정을 통해 지적장애인과 부모가 함께 소통하고, 공감할 수 있으며 정확한 의사소통의 방법과 기술을 습득한다.

- 대상 : 지적장애인 10명, 부모 중 1인 10명(총 20명).
- 일반적 특성 : 지적장애 2~3급 중 기본적인 의사소통이 가능하면서도 강한 욕구불만을 표현한다. 반복적 학습이 가능하다.
- 기간 : 총 12회(주 1회, 회당 1시간)
- 장소 : 지적장애인 주간보호센터.

지적장애인知的障礙, Intellectual disability은 선천적 및 후천적 요인에 의해 지능의 발달이 비지적장애인보다 뒤처져 있는 정신장애를 가진 자를 말한다. 초기에는 정신박약, 정신지체로 불렸다. 이는 장애인에 대한 무시라는 지적에 의해 개정된 것으로, 장애인 관련 법규 내용의 명칭 또한 이러한 지적에 의해 개정된 것이다. 장애인복지법에서 규정하고 있는 지적장애등급은 다음과 같다.

① 지적장애 1급 : 지능지수와 사회성숙지수가 34 이하인 사람으로, 일상생활과 사회생활의 적응이 현저하게 곤란해 일생 동안 타인의 보호가 필요한 사람.
② 지적장애 2급 : 지능지수와 사회성숙지수가 35 이상 49 이하인 사람으로, 일상생활의 단순한 행동을 훈련시킬 수 있고, 어느 정도의 감독과 도움을 받으면 복잡하지 아니하고, 특수기술을 요하지 아니하는 직업을 가질 수 있는 사람.
③ 지적장애 3급 : 지능지수와 사회성숙지수가 50 이상 70 이하인 사람으로 교육을 통한 사회적, 직업적 재활이 가능한 사람.

지글러Ziegler, 1999는 지적장애인의 일반적인 특성 5가지를 다음과 같이 정의했다.

① 대체적으로 성공에 대한 기대가 낮다.
② 실패에 대한 두려움이 높다.

③ 누군가로부터 인정을 받으려는 사회적 강화의 욕구가 높다.
④ 자기 자신의 만족보다는 타인의 인정에 의존하는 외부 지향이 높다.
⑤ 스스로 문제를 해결하기보다는 타인에게 과잉 의존하는 경향을 보인다.

이들은 부적응 돌출행동을 보이는데, 장애별 돌출행동을 이해하면 원예치료 접근 시 효과 높은 프로그램을 기대할 수 있다. 지적장애인은 비록 학습과 기능습득 능력이 낮더라도 반복학습에 의한 치유 및 개선이 가능하기 때문이다.

꽃꽂이 수업 중 장미꽃 줄기를 부러뜨린다던지, 안개꽃을 손가락으로 짓누르는 파괴행동을 할 경우 양손을 밑에서부터 위로 쓰다듬어주면서 "아, 예쁘다"를 3번 반복 후에 다음 단계로 넘어간다. 역시 꽃이나 식물을 볼 때마다 "아, 예쁘다" 하면서 쓰다듬어주는 행위를 3번 이상 반복하게 되면, 3회기부터는 꽃을 꺾거나 짓누르는 파괴행동은 확연히 줄어든다. 혹시 이런 파괴행동을 다른 대상자들이 보여주면 참여 대상자들이 질타하거나 프로그램 진행자에게 알려준다. "선생님, 꽃아, 예쁘다 맞죠? 꽃 꺾으면 안 되죠?"라고 일러준다.

분갈이 수업 역시 화기 빈 곳에 흙을 채워 넣는 과정에서도 이런 말과 행동을 반복 후 하게 되면 흙을 식물 위에 뿌리는 행동이 확연하게 감소되는 모습을 보여준다. 지적장애인 주간보호센터에서 수년째 원예치료 프로그램을 진행하는 중 기억에 남는 대상자가 생각난다. 누구보다도 꽃이름을 많이 외우는 김○○ 님은 좋아하는 꽃을 '해바라기'라고 말했다. 꽃이 얼굴보다 커서 자기가 숨으면 아무도 볼 수 없기 때문에 그 꽃이 좋단다.

부모와 함께하는 프로그램은 2인 1조로 할 수 있도록 구성한다. 예를 들어 부모가 식물을 쓰러지지 않게 잡아주고, 자녀가 흙을 채우는 과정, 호엽란이나 잎새란을 줘 한쪽은 자녀가 잡고, 부모가 묶어가는 과정을 게임으로 진행하면 활기 있는 프로그램이 된다. 이때 끝까지 주어진 과제를 달성하면 부모와 자녀가 서로 안아주며 격려해주도록 하면 효과는 배가된다.

"우리 아이는 지적장애를 가지고 있어 뭘 해도 안돼요!"라고 미리 포기하지 말아야 한다. 그들이 느끼는 감정은 본능적이며, 빛의 속도처럼 빠르다. 그들의 마음을 제대로 읽지 못한다면 우리 역시 거친 마음을 가진 '소통 장애인'이 될 것이다. 마음이 가난해 꽃을 꺾어도 아픈 줄 모르는 사람들 역시 심각한 중증 장애인이다.

마음으로 본 꽃향기

프로그램명 : 향기로 말해요.

목표 : 화려한 꽃과 향기로운 식물을 이용한 원예활동을 통해 무한 상상력을 자극하고, 마음속 스트레스를 제거해 화사한 마음꽃밭을 만들어간다.

- 대상 : 시각장애 1급부터 5급 장애 판정인 8명.
- 일반적 특성 : 복지관 시설을 잘 이용해 주변 사람들과 친분이 두터운 상태이며 대체로 밝은 특성을 보인다.
- 기간 : 총 10회(주 1회, 회당 1시간)
- 장소 : 시각장애인 복지관 강당, 옥상, 야외.

시각장애인연합회에 의한 시각장애인의 정의는 다음과 같다. 시대나 사회, 그리고 전문 분야에 따라서 다르기 때문에 크게 의학적 정의와 장애인 복지법적 정의로 나눈다.

1) 의학적 정의

시각장애의 의학적 정의는 일반적으로 시력과 시야에 의해 결정된다. 시력Visual acuity은 사람이 볼 수 있는 명료도를 의미하며, 시야Visual field는 눈으로 정면의 한 점을 주시하고 있을 때 그 눈에 보이는 외계의 범위를 의미한다. 세계적으로 많이 쓰이는 스넬렌 시표로 시력을 측정할 경우, 가장 큰 글자를 200으로 정하고, 가장 작은 글자를 20으로 볼 때, 20피트 거리에서 200에 해당하는 글자를 읽을 수 있으면 0.1이고, 가장 작은 20에 해당하는 글자를 읽을 수 있으면 그 시력은 1.0이다.

2) 장애인 복지법적 정의

나쁜 눈의 시력만국식 시력표에 따라 측정된 교정시력을 말한다. 이하 같다이 0.02 이하인 사람, 좋은 눈의 시력이 0.2 이하인 사람, 두 눈의 시야가 각각 주 시점에서 10도 이하로 남은 사람, 두 눈의 시야 2분의 1 이상을 잃은 사람을 말한다.

(1) 장애능급 기준
① 1급 : 좋은 눈의 시력이 0.02 이하인 사람.

② 2급 : 좋은 눈의 시력이 0.04 이하인 사람.

③ 3급 1호 : 좋은 눈의 시력이 0.06 이하인 사람.

④ 3급 2호 : 두 눈의 시야가 각각 모든 방향에서 5도 이하인 사람.

⑤ 4급 1호 : 좋은 눈의 시력이 0.1 이하인 사람.

⑥ 4급 2호 : 두 눈의 시야가 각각 모든 방향에서 10도 이하인 사람.

⑦ 5급 1호 : 좋은 눈의 시력이 0.2 이하인 사람.

⑧ 5급 2호 : 두 눈의 시야 각도의 합계가 정상 시야의 50% 이상 감소한 사람.

⑨ 6급 : 나쁜 눈의 시력이 0.02 이하인 사람.

▶시각장애 판정 기준. 보건복지부 고시 제2000-2호 장애인등급판정 중 일부

▶시각장애를 유발하는 질환의 원인

백내장과 녹내장 그리고 신생아의 농루안, 시신경의 위축, 고혈압과 당뇨성 망막증 등 다양한 원인이 있다.

우리 몸 중 소중하지 않은 곳은 없다. 눈 역시 마음의 창이요, 세상을 향한 불빛이기에 소중하게 여겨진다. 시각장애인들과 함께하는 한마음 걷기 운동을 한 후 원예체험 시간을 갖게 됐다. 시각장애인에 대한 원예활동 임상이 처음은 아니어서 걱정보다는 설렘이 앞섰다. 밝고 힘찬 목소리로 인사를 나눴고 소개를 했다. 야외수업이다 보니 목소리를 더 높여야 했다. 내가 보낸 인사의 목소리만큼 환호의 박수 역시 크

고 힘 있어 예감 좋은 수업이 기대됐다.

프로그램 준비물을 선택하는 것에 고심했지만 결정하는 데 걸리는 시간은 짧았다. 당연히 후각을 자극하는 '허브 삼총사'로 택했다. 로즈메리, 스피어민트, 오데코롱민트가 주인공이었다. 먼저 눈을 감고 허브 잎을 쓰다듬으면서 향을 맡도록 했다.

"저희는 이미 눈 다 감았는데요?"라는 김○○ 님의 말에 다 같이 웃음을 터트렸다. 먼저 오데코롱민트를 잡아주고 손으로 쓰다듬으며, 어떤 향과 추억이 떠오르는지 말하는 시간을 가졌다. 앞서 이미 눈 감고 계셨다는 김○○(남, 63세, 1급) 님은 "어여쁜 여인이 봄바람에 살랑거리며 내 앞을 지나갈 때 나는 향 같아요"라고 했다. 모두 공감해줬다. 시력이 대체로 양호한 이○○(여, 42세, 5급) 님은 이미 푯말을 가까이서 읽었지만, 다시 한 번 눈을 감고 느낌을 말했다.

"저의 가장 젊고 아름다운 날들이 생각나네요."

이미 오랫동안 눈 감는 데 익숙한 사람도 있었지만, 중도에 실명한 사람들은 아름다운 추억을 꺼내오느라 분주한 모습이었다. 이번에는 스피어민트 향을 맡을 차례가 됐다. 최○○(여, 58세, 2급) 님의 반응이 가장 빠르고 정확했다.

"이거 옛날 씹던 껌 냄새인데 맞지요?"

한 방에 정답을 말한 센스에 참석자 모두 "우아" 하는 감탄사를 자아냈다. 이어서 "쥬시후레쉬, 후레쉬민트, 스피어민트. 오~ ○○껌. 좋은 사람 만나면 나눠주고 싶어요. 껌이라면 역시 ○○껌" 하며 L제과 CM송을 손뼉 치며 부르는 순간은 원예치료가 아닌 소풍 갔을 때 오락 시간 같았다.

인기를 독차지한 것은 역시 우리에게 너무 익숙한 허브인 로즈메리였다. 로즈메리의 치유 효과와 다양하게 쓰이는 용도에 대한 정보를 알려주고, 예쁘게 포장해 엔틱 바구니에 넣는 것으로 수업을 마무리했다. 복잡한 원예활동 과정보다 이렇게 심플하고, 스토리 있는 프로그램이 훨씬 효과가 있다.

3분 정도의 시간이 남아 있어 마지막 궁금 퀴즈로 마무리했다. 강사의 나이를 알아맞히는 퀴즈였다. 강의 중 이런 활동은 안 하는 게 원칙이고, 불문이다. 하지만 대상자들이 강사의 나이를 추측하며 매우 궁금해했다. 지극히 주관적이지만 어느 정도 객관성을 확보한 문제였기에 내심 기대가 됐다.

1급 장애인 조○○(58세) 님은 어떻게 보면 당신 막내아들 나이 같다고 했다. 순간 흥분됐다. '이분의 나이가 50대 후반인데, 막내아들이라면 20대 후반~30대 초반이란 말인가? 앗싸, 오늘 수업 성공이구나' 쾌재를 불렀다. 옆에 계신 자원봉사자님이 솔직히 말씀하라고 하자 35살이라고 했다. 원예치료를 직업으로 택한 이후 최고의 선물이었다. 가장 시력이 양호한 이○○ 님이 결정지어줬다.

"내가 희미하게나마 얼굴을 보니 42살에서 45살이 확실해요. 이 정도면 관리 참 잘하셨네요."

아, 이게 실화라면 얼마나 좋을까? 물론 시각장애인 여러분들이 내게 힘내라고 10년 정도 마이너스 해준 센스는 알았지만, 그래도 돌아오는 길은 구름 위를 걷는 기분이었다.

시각장애인과의 원예치료 인연은 7년 전에도 있었다. 그분들과 옥상정원을 설계하고 꾸민 것이 기억에 남는다. 이미 기초공사는 마무리된 상태였고, 상토도 채워졌기 때문에 식재만 하게 됐다. 아치형 문을 따라 장미넝쿨 식재를 하는 도중 장미넝쿨을 고정하기 위한 도움이 필요했다. 그때 옆에 계신 1급 장애 어르신이 선뜻 도움을 주신다고 했다. 장미는 가시가 있어 위험했다. 기필코 돕겠다고 하셔서 한 손을 같이 잡고, 가시를 피해 줄기를 쥐게 해드렸다. 이후부터는 능숙한 손놀림에 놀라고 말았다. 섬세하게 움직이는 손길 속에 가시들이 피해 가고 있었다. 그분은 해맑게 웃음을 주셨다.

"어때요? 눈에 보이는 게 없으니 가시들도 무서워 피해 가죠?"

날개를 활짝 펴고 날아요

프로그램명 : 날개를 활짝 펴고 날아요.

목표 : 원예치료 과정을 이해하고 심리상담 기법을 적용한 프로그램 운영 및 '원예심리지도사 2급' 자격 취득을 목표로 한다.

· 대상 : 자활센터 참여자 15명.
· 기간 : 총 12회(주 1회, 회당 3시간).

자활이란 '스스로의 힘으로 살아간다'라는 말로, 일반적인 의미는 경제적·사회적 자립을 의미하는데, 자활지역센터에서는 경제적·사회적 자립에 심리적 자립도 포함한다. 즉 자활이란 '실직상태이거나 극히 불안정한 생계수단을 가진 취약계층에게 취업 내지 창업의 기회를 제공함으로써, 이들의 노동을 통해 자립을 의미함'이라고 정의하고 있다. 지역자활센터에서는 사례관리, 자활근로사업, 자활기업지원 및 자활촉진사업을 활발하게 수행한다. 지역자활센터와의 인연은 센터장으로 부임한 대학원 동기가 분기에 한 번씩 있는 지역자활대회 힐링 특강을 의뢰해 시작했다. 처음에는 각 지역의 자활센터에서 힐링과 자존감 향상을 위한 강의로 시작했으며, 좋은 반응을 보여 자격증 연계과정으로 끈끈히 맺어지게 됐다.

우리 협회에서 발행되는 자격증이 몇 개 있는데, 대표적인 것이 '복지원예사', '원예심리지도사', '도시농업지도사'다. 자활 참여자를 중심으로 하는 자격교육은 자격취득을 통한 새로운 일자리 탐색과 발굴 및 일자리 창출이 궁극적인 목표다. 여기에 적합한 자격증이 기존 원예치료사의 새 이름인 '원예심리지도사'라는 자격증이다.

대상자는 자활근로사업단에 활동하는 사람 중 자활의지가 강하고, 꽃과 식물 그리고 원예활동에 관심을 보인 사람들로 구성됐다. 처음에는 기대 반 호기심 반으로 시작했다. '원예치료사가 뭘까?', '나 같은 사람이 어떻게 이런 일을 해?'라고 각자 다양한 생각을 지닌 사람들이 모여 시작한 프로그램은 첫 시간부터 적극적인 호응이 있었다. 강의를 식업으로 하는 전문 강사는 첫 시간 성패 여부를 10분이면 감지하는

데, 나 역시 이쪽 부분의 발달된 센서는 빠르게 작동된다.

첫 시간은 대학 평생교육 과정과 동일한 커리큘럼으로 '나에게 쓰는 편지…나뭇잎 편지'란 주제로 문을 열었다. 준비물은 아주 단순하다. 장미 한 송이, 무늬엽란, 메탈펜, 그리고 와이어 정도다. 이 프로그램의 목적은 지금까지 잘 살아온 자신을 되돌아보고, 열심히 달려온 것에 대한 감사와 응원의 편지를 스스로에게 직접 적는 것이다. 물론 시작 전 마음을 열게 하는 간단한 게임이나 퀴즈를 통해 긴장감을 풀어주는 것이 우선돼야 한다.

편지 쓰기 전 살아 있는 나뭇잎 결을 만지며 촉감을 상상하는 것도 빼먹지 않는다. 자칫 흔해 보이는 나뭇잎이지만 녹색으로 보는 것과 직접 손으로 만지면서 느끼는 촉감은 긴장감을 풀어주는 데 2배의 효과를 가져다주기 때문이다. 이것을 어떻게 표현하면 좋을지가 항상 고민인데, 자연 잎을 만지는 느낌의 적절한 표현을 찾지 못해 숙제로 남아 있다. 시각장애인 대상자에게도 적용해봤지만 "참 좋네요. 아, 부드럽다. 촉촉한 카스텔라 같다" 정도이지, 콕 집어서 '이 느낌이다'라는 표현을 찾지 못했다. 촉감 느끼기를 마치면 장미를 한 송이씩 나눠주는데, 잎이나 가시를 제거하지 않아야 한다.

원예심리상담 기법을 적용할 때는 가시와 잎을 제거하라는 동작을 제시하면, 가시 먼저 제거하는 사람, 잎 먼저 제거하는 사람, 이렇게 두 분류로 나눠진다. 잎과 가시를 동시에 제거하는 사람은 몇 번 봤지만 드물었다. 잎을 먼저 제거하는 사람들의 특징은 성격이 깔끔하고, 정리정돈에 능하며, 남에게 피해를 주지 않고, 독립성이 강한 성격을 띤다. 반면 가시를 먼저 제거하는 사람은 모험과 새로운 일을 추구하는 적극적인 성격이며, 목표지향적인 성향을 가진 사람들이 많았다. 이 주장은 연구실험에 의한 통계기법을 적용한 것이 아닌, 다년간의 원예치료 임상현장에서 내가 보고 느끼며 상담해온 것을 토대로 내린 결론이다. 대체로 자활센터에 활동하는 사람들은 잎을 먼저 제거하는 모습을 보여줬다. 상당히 소극적이며 위축된 모습을 단면으로 보여준 것이다.

잎과 가시가 제거된 장미를 코 근처에 대고 복식호흡을 통해 장미향을 느낀다. 이어 회색 글씨가 써지는 메탈펜을 준다. 처음에는 어떻게 써야 할지, 무슨 말부터 써야 할지 머뭇거리는 사이 이미 내 손은 프랭크 시나트라Frank sinatra의 〈My way〉를 튼다. 쓱쓱 평소와는 다른 필기감을 느낀 여성 참여자는 "글을 쓰는 느낌이 너무 좋아요"라며 긍정 반응을 보여줬다. 그 말을 듣는 나도 좋다.

"I've lived a life that's full.
I've traveled each and every highway.
But more, much more than this.
I did it my way."

가사가 이 부분에 이르자 한쪽에서 훌쩍이는 여성 참여자가 눈에 띄었다. 일부러 눈길을 피했지만 잠시 뒤에 슬쩍 보니 남녀를 떠나 대다수의 눈가는 충혈된 듯 붉어졌고, 코 역시 발개졌다. 이 나뭇잎 한

장이 무엇이기에 다들 그렇게 할 말이 많은지…. 빼곡하게 적는 사람, 느낌표·물음표·따옴표를 이모티콘 삼아 적는 사람 등 다양한 모습이었다. 최선을 다해 자신을 돌아보고 위로해주는 모습에 감동을 받지 않을 수 없는 분위기였다.

글을 쓰기 전 반드시 약속이 있다. 일기 형식의 편지이기에 절대 읽게 하지 않는 것이 비공개 원칙이다. 이 약속을 지키려는 의지를 보이듯 편지 중간에 장미 한 송이를 얹어놓고, 마끈으로 돌돌 말아가며 리본으로 묶게 만들었다. 원예치료사 양성교육 중 치료 전문가는 치료의 목적을 가지고 의도적인 접근이 필요하다고 늘 강조했다. 목적 없는 작업 단계는 결과물 산출에만 급급하기에 우리가 정작 개입해야 하는 중요 부분을 간과하기 때문이다. 의도적으로 편지를 비공개한다는 선언 역시 그런 의미를 담고 있다.

누구나 자신의 속마음을 적어놓은 글을 남이 읽는다면 도적질당한 마음이 되기 때문이다. 또한 그를 의식해 가식적이며, 형식적인 글에 치우칠 수 있다. 역시나 참여자들은 자신을 향한 진실된 마음을 나뭇잎 한 장에 쏟아냈다. 그들의 속마음이 궁금했다. 아니 처음부터 나는 스스로 읽게 하려는 의도를 가지고 있었다. '병과 고민은 알리고, 싸움은 말리며, 흥정은 붙이라는' 우리 속담을 인용한다. 마음의 병은 고민, 아픔을 털어놓은 순간 치유되는 기적의 예 몇 가지와 강사의 개인 사례를 들려주며, 특별히 사연을 공개해준 사람에게는 조그마한 선물을 준비해뒀다.

그런데 기적이 일어났다. 모두가 공개한 것이다. 내용은 대동소이

했다. 잘나갔던 시절을 그리워하거나 가족에 대한 미안함과 원망, 절제하지 못한 삶에 대한 반성 등이 대부분이었다. 마지막 응원메시지 역시 '난 해낼 것이다', '두고 봐라. 넌 할 수 있어', '앞으로의 삶이 기대된다', '힘들지만 참자', '쨍하고 해 뜰 날이 나에게도 온다'로 빼곡히 채워져 있었다.

12주간 전원 중도 탈락 없이 수료했고, 자격시험에도 통과해 뜻깊은 자격증을 취득했다. 취득과 동시에 꽃 농원, 분갈이, 꽃 배달, 화훼상가에 취업한 분들도 계셨으니 절반 이상의 성공을 거뒀다. 가끔 화훼시장에서 우연히 마주치기라도 하면 언제나 친근하고 반가운 모습으로 다가와 인사를 건넨다.

"나뭇잎 편지에 다짐한 글도 있어 힘들어도 참고 열심히 살아갑니다. 좋은 교육해주신 교수님 덕분입니다."

나도 덧붙여 응원해준다.

"꼭 잘될 겁니다."

턱 고이고 앉아 무얼 생각하니?

프로그램명 : 학업 중단 숙려제도 집단원예치유상담.

목표 : 다양한 원예활동을 통해 학업에 대한 흥미를 유발하고, 친구와의 관계와 소통의 기술을 익혀 즐거운 학교생활에 대한 기대를 갖게 한다.

- 대상 : 고등학교 1~3학년 15명.
- 기간 : 총 8회(주 1회, 회당 2시간)

초·중등 교육법 시행령에 의한 '학업중단 숙려제도 學業中斷 熟慮制度'란 학업중단 위기에 있는 학생에게 숙려기회를 부여하는 제도이며, 2013년부터 초·중·고등학생의 학업중단을 예방하기 위해 시행되고 있다. 대상은 학교 측에 학업중단 의사를 밝혔거나 학업중단 위기에 처해 있다고 인정되는 초·중·고등학생이다. 단 연락 두절, 행방불명 상태이거나 질병 치료나 사고, 유학 등으로 부득이하게 학업을 중단하는 경우는 대상에서 제외한다. 학교폭력이나 규칙 위반으로 퇴학당한 학생 역시 숙려제도 대상이 아니다.

이 기간 중 상담이나 프로그램에 참여한 학생은 수업일수를 인정해주기 때문에 자율적인 참여를 유도하기 위한 제도라고 보면 되겠다. 제공되는 프로그램은 심리, 진도상담, 인성 및 진로캠프, 다양한 직업체험 등이 진행돼 지루하지 않게 알차게 구성돼 있는 것이 특징이다.

최근 원예치료 활동의 효과가 널리 알려지면서 청소년을 대상으로 한 원예치료 프로그램도 다양한 각도에서 활발하게 진행되고 있다. 학교폭력예방을 위한 생명존중 원예치료, 인성과 바른 품성을 기르는 원예치료, 원예활동을 통한 인권교육, 양성평등교육 등 원예치료의 효과 중 지적인 효과와 사회적인 효과를 아우르는 프로그램으로 진행되고 있는 것은 고무적인 현상이다.

특히 학교폭력이나 생명존중에는 더할 나위 없는 효과를 보여주고 있다. 다년간 원예치료 현장에서 수많은 임상경험을 갖고 있는 나도 청소년 강의 제안이 오면 명쾌한 확답보다는 순간 멈칫하곤 한다. 그 어떤 대상자보다 많은 정성을 들여야 하며, 주도면밀한 계획하에 진행

돼야 소기의 목적을 달성할 수 있기 때문이다. 청소년 중에서도 '학업중단 숙려제도'에 참여한 집단의 프로그램 진행을 위해서는 시작 전에 단단한 각오가 필요하다. 더구나 1:1 개인치유상담이 아닌 집단상담은 에너지를 넉넉히 충전해와야 한다. 경험 많고 실력 있는 원예치료사 검증은 이런 집단상담 프로그램을 10회 이상 했을 때 50% 이상의 목적만 달성해도 수준급임을 인정해준다.

첫 시간부터 긴장감이 팽배했다. 예상했던 분위기에 익숙한 나보다 오히려 보조치료사 선생님들이 훨씬 예민해져 있었다. 시작 5분 내 예상은 보기 좋게 적중했다. 강사소개와 프로그램 안내를 하자마자 '김ㅇ주'라는 남학생이 자리를 박차고 일어나면서 "에이, ㅇㅇ" 하면서 욕설을 내뱉고 밖으로 뛰쳐나갔기 때문이다. 이 상황은 앞으로 펼쳐질 험난한 수업의 예고편이었다.

내 시간이 돌아오자 힘이 세고 입담이 좋은 '이ㅇ하'를 중심으로 분위기가 흐르고 있었다. 주변의 친구들을 하나씩 건들면서 시비를 붙이고 채 10분도 안 돼 난장판이 됐다. 예상을 했지만 너무나 빠르게 올 것이 왔기에 순간 당황했다. 이때 전문가의 긴급처방이 필요했다.

준비한 프로그램 순서로 넘어가지 않으면 분위기는 상상을 초월할 것 같았다. 바로 미니 올림픽을 시작했다. 준비물은 간단했다. 탁구공 3개, 빨대, 바가지 2개면 충분했다. 처음에는 다들 어리둥절해했지만, 3팀으로 나눠 우승팀에게는 스티커를 붙여 종강 시 문화상품권을 지급하기로 약속했다. 종목은 초미니 탁구대회와 탁구공 홀인원, 그리고 빨대를 불어 탁구공을 상대편 진영으로 밀어 넣는 빨대축구, 이렇게 3종목이었다. 토너먼트로 진행되는 동안 아이들은 경쟁심이 생기고, 흥미를 갖게 돼 승부욕으로 가득 차 있었다. 얼마나 열심히 했는지 이마에 땀이 송골송골 맺힌 아이도 있었다. 쉬는 시간을 이용해 보조치료사 선생님들이 시원한 물과 음료 그리고 물수건을 준비해줬다.

2교시의 태도는 완전히 변해 있었다. 아이들이 나의 한마디 한마디에 관심을 갖기 시작했다. 특히 미니 올림픽 이후에 진행된 원예수업은 각 나라의 국기를 알아맞히는 게임으로 시작했다. 저마다 아는 상식을 동원해 하나라도 더 맞추려는 노력을 보여주는 순간, 이미 나와 아이들은 한 팀이 됐다. 이어서 '독도는 우리 땅'이라는 주제로 플로랄폼을 깎아 동도와 서도를 만들고, 풍란을 이용해 바위틈에 심어주며, 바닥은 콩짜개난과 오색자갈로 연출했다. 마지막으로 서도 최고봉에 태극기를 그려 꽂아주고 〈독도는 우리 땅〉 노래를 부르며 마무리했다. 태극기를 그리는 것이 최종 목표였다. 아이들이 실망할까봐 몰래 보조치료사 선생님들이 도와주면, 마치 본인이 완성한 것처럼 내보이며 자랑했다. 그럴 때는 최고의 칭찬을 아끼지 않았다. 이미 라포Rapport 형성이 된 것이다.

2회기 집단프로그램은 '꽃과 시'란 주제로 꽃과 관련된 교과서에 등장하는 시 몇 편을 1연 정도 외우게 한 뒤, 액자에 시를 쓰고 프리저브드 꽃으로 마무리하는 시간을 계획했다. 여학생 '김ㅇ지'는 "이거 옛날 학교시험에 나왔는데요. 그때는 무슨 뜻인지도 몰랐고, 하기도 싫어 답을 안 썼는데 좀 후회되네요. 이렇게 쉬운데…"라면서 적극적인 학습의욕을 갖기 시작했다.

나에게 감동으로 다가온 3회기 수업은 'Sweet my home'이란 주제였다. 나무로 만들어진 모형 집을 색칠한 후 넓은 트레이에 옮겨 생화나 소재를 이용해 정원을 꾸미는 프로그램이다. 아이들은 생각보다 높은 집중력을 보여줬다. 특히 첫 시간에 험한 욕을 하며 교실을 박차고 나간 '김ㅇ주'가 그린 집을 보니 눈길이 머물지 않을 수 없었다. 벽을 회색으로 칠한 후 검정물감을 이용해 크게 십자가를 그려 넣은 것이었다. 그렇지 않아도 2회기부터는 완성된 결과물을 엄마에게 주고 싶으니 가져가고 싶다고 말했던 참이었다. 그림을 보며 치료사의 임의적이고, 주관적인 해석은 금물이라는 것은 기본 매뉴얼이다. 가까이 다가가 조용하게 "ㅇ주는 십자가를 크게 그렸는데 왜 그렇게 그렸나요?"라고 물으니 "갑자기 모형 집을 보니 예전에 다니던 교회가 생각나서 그렇게 그렸어요"라고 답을 했다. 예전에 다녔으면 지금은 안 다닌다는 뜻인데, 교회에 안 나간 지 얼마나 됐으며, 무슨 이유라도 있는지를 물었다. 그러자 ㅇ주는 "집이 예전에 다니던 교회와 멀리 떨어져서 가기 힘들고, 이사 온 지역은 아는 친구도 없어 서먹해서 다니기 싫어져서요"라고 했다. ㅇ주가 교회를 열심히 출석하고, 교회학교에서도 모범적이었던 것은 불과 3년 전이었다. 부모님의 불화와 이혼으로 가족이 흩어지면서 아이는 정서적인 충격으로 방황을 하게 됐고, 학교를 그만둘 마음까지 먹게 된 것이다.

가까이 다가가 ㅇ주의 눈을 바라봤다. 아이는 잠시 피하는 듯하다 "왜요~!" 하고 어리광 부리듯 웃으면서 말했다. 나에게 마음을 열어준 것이다. 이후의 시간은 어떻게 진행됐는지 충분히 예측 가능할 것이다. 실습 후 청소와 뒷정리는 서로 하겠다고 다투며, 지각하는 친구에게 "야, 좀 빨리 와라" 하며 충고도 해줬다.

  8회기를 마치는 날 아이들이 "오늘이 마지막이에요? 그럼 다음 주부터는 뭐해요?"라고 아쉬운 듯 물었다. 너무 여리고 순수한 아이들의 눈망울을 프로그램 종료시점에 발견해 오랫동안 여운이 남아 있다. 처음에 편견을 가지고 시작했던 것이 미안했다. 원예치료가 순수한 아이들의 마음과 하나 돼 잘 녹았을 때 원하는 모양과 색깔로 다가옴을 느끼는 소중한 시간이었다.

  "O주야! 턱 고이고 앉아 무얼 생각하니?"

무한 힐링의 세계, 원예치료사

제 9 장

> 평생공부는 '삶의 활력을 불어넣어주는 평생주유소'다. 인생의 남은 여정에 지적 에너지로 충전하고 싶다면 평생교육원에 문을 두드려라. 지식의 바다에 헤엄치며, 정보의 비타민을 마음껏 마실 수 있을 것이다.

Rising job, 원예치료사

원예치료의 기원은 고대 이집트로 거슬러 올라간다. 의사가 환자에게 정원에서 일을 하게 하거나 산책을 시키면서 환자의 정신적 회복의 속도와 변화를 보게 됐고, 중세 수도원에서는 정신적, 신체적으로 유약한 환자들을 대상으로 허브 정원을 만들어 산책활동과 감각자극을 통한 자연치유 기법을 이용해 회복을 도왔다. 초창기 원예치료 대상자는 정신적이나 신체적인 장애를 갖고 있는 환자를 대상으로 실시됐다면, 현대에는 아동부터 노인에 이르기까지 전 연령이 원예심리치료 대상자가 되고 있다.

그래서 나는 대상자의 범위를 'From B to D'라고 한다. 이는 'From Birth to Death'의 약자로, 태어나기 전 임산부^{태아 태교}에서 임종을 앞둔 호스피스 병동까지 전 일생기간이라고 보면 된다.

미국원예치료협회^{AHTA}에 의하면 원예치료는 최종의 치유 목적보다는 치유 과정에서 일어나는 능동적인 활동으로 본다고 했다. 또한 독일원예치료협회^{GGUT}는 원예치료가 심신을 강하게 하고, 인간이 환경에 순응하며, 웰빙을 추구하는 원예활동의 과정이라고 했다. 한국원예치료사협회^{KHTA}에서는 원예치료란 다양한 원예활동을 통해 무한 힐링을 추구하는 전반적인 활동이라고 정의했다. 이는 인격적인 사람 사랑을 바탕으로 건강한 식물 자람에 가치를 두는 것을 의미한다. 마츠오^{Matsuo, 1998}는 식물을 적극적으로 활용해 심신의 치료와 재활, 기능 유지와 증진, 인간의 성장, 삶의 질 향상을 기본 요소로 보며 원예가 주는 효과를 강조했다.

원예치료의 독특성과 강점

1) 살아 있는 식물을 매개체로 한다

물론 동물치료의 매개인 동물도 살아 있지만, 동물에 비해 덜 위험하고 치료 매개체의 죽음에 대한 상실감이나 심리적 상처가 상대적으로 약한 강점을 가지고 있다. 또한 식물의 발아에서 성장해 꽃과 열매, 그리고 죽음과 동시에 다시 씨앗으로 남게 되는 과정은 인간의 생로병사 과정과 비슷해 적극적인 활용으로 효과의 극대화를 기대할 수 있다.

2) 작용과 반응의 역동적인 활동을 한다

목말라 있는 화분에 충분한 관수를 해 식물이 생동감 있게 자라는 반응을 보면서 성취감을 느낀다. 반대로 게으름과 나태로 식물에게 관심과 애정을 주지 않았을 때는 반대의 결과가 나타난다. 이는 결과를 통해 과정의 역추적이 가능하며, 일어난 행동의 오류를 수정할 수 있는 내적 힘을 자율적으로 기를 수 있게 한다. 또한 대상자의 행동과 관심에 따라 달라지는 식물의 모습을 통해 스스로 자신의 내면세계를 조명할 수 있다.

3) 생명의 소중함을 느낄 수 있다

살아 있는 식물을 돌보고 가꾸는 활동을 통해 양육의 객체에서 주체로 변화되는 기회를 갖게 된다. 또한 자기중심적인 사고의 틀에서 도움을 주고받는 과정을 통해 이타적인 생각의 전환을 불러일으켜준다. 살아 있는 식물에 관심을 갖고 보호하는 것은 생명의 위대함을 느끼게 해주기에 충분한 역할을 하기 때문이다.

4) 신체적·교육적·사회적·정서적 안정 효과가 있다

원예활동은 동動적인 행위로써 소근육과 대근육의 발달, 손과 눈의 협응력 증대, 관절의 가동 범위를 넓혀줘 신체 재활에도 도움을 준다. 식물의 성장, 특징, 효과 등의 관찰과 실험은 교과 과정특히 과학과목과 연계 수업이 가능해 학습효과는 물론 학과공부에 흥미를 갖게 한다.

집단원예활동은 구성원 간의 의사소통을 통한 프로그램 진행으로 대화, 배려, 공감, 이해 능력이 높아져 사회성 향상에 크게 도움을 준다. 무엇보다도 아름다운 꽃과 싱그러운 녹색 식물을 보면서 심리적 안정과 만족감을 갖게 돼 삶의 가치와 품격이 높아질 수 있게 하는 매력을 지니고 있다는 것이 가장 큰 강점이다.

품격 높은 원예치료사를 찾습니다

원예치료사란 꽃과 식물 등 다양한 원예활동 프로그램을 진행하는 데 대상자별 치료 목적에 부합한 활동계획을 의도적으로 세우고, 적극적인 치료 개입 과정을 수행할 수 있는 전문가를 말한다. 이를 위해서는 대상자별 특성을 이해하며, 진단을 통한 치료 목적을 세우고, 이에 맞는 적절한 프로그램을 개발하며 실행에 옮긴다. 또한 치료의 효과를 검증하기 위해 적절한 평가도구를 사용하며, 평가방법을 이해하고, 분석할 수 있어야 한다. 이런 과정을 생략한 프로그램은 원예활동이라 보고, 원예심리치료와는 접근과정에서부터 큰 차이를 보인다.

대부분의 원예치료사들은 원예치료와 원예활동의 애매한 경계에서 혼돈하거나 아예 활동으로 치우치는 경향을 보인다. 전문적 치료 효과 검증과 분석이 번거롭거나 여건상 여의치 않을 때도 있다. 이럴 경우 전문 원예치료사로서 해야 할 일은 프로그램 목적을 세우고, 치료 목적에 부합하도록 의도적이고 적극적인 치료 중재 활동을 잊어서는 안 된다.

1) 가슴 따뜻한 원예치료사를 원한다

원예치료 현장에는 마음의 상처, 정서적 불안, 신체적 장애 등 마음의 대화를 원하는 대상자들이 더 많다. 원예치료 활동에 앞서 그들과 눈높이를 맞추는 것이 우선이다. 기본적인 에티켓이 필요하다. 가능한 부드러운 말투를 사용하고, 따뜻한 미소를 지으며, 강의 전 마인드 컨트롤을 한 후 들어가도록 한다.

대상자의 나이가 많고 적음을 떠나 존칭을 사용하고, 기관에서 통용하는 호칭을 통일해 부르면 별 무리가 없다. 원예치료 프로그램 진행은 손으로 하는 작업이 대부분이다. 치료사가 보기에는 형편없고 볼품없는 활동 결과물이라도 가치를 인정해주며 손길이 필요 시 도와줘도 되는지 먼저 물어본 후 개입하는 것이 좋다. 즉 대상자의 부족한 부분만 최소한의 범위에서 도와준다. 특히 꽃꽂이 전문가 또는 화원 근무 경력이 있는 기능이 숙달된 원예치료사는 보기에 안쓰럽고 답답해 치료사 본인이 직접 작업에 적극적으로 개입하는 실수를 자주 범한다. 대상자의 의도를 잘 파악할 줄 아는 센스 있는 원예치료사를 품격 높은 원예치료 전문가라고 부른다.

2) 자기계발에 부지런해야 한다

품격 높은 원예치료사가 되기 위해서는 원예학, 기초의학, 사회복지학, 심리상담학 등 다양한 분야를 섭렵해야 한다. 물론 각 분야의 심화전공과정 학습까지 마스터한다면야 더할 나위 없지만, 적어도 기본개론, 원예치료 활동에 적용할 수 있는 범위 정도의 공부는 필요하다.

원예치료사는 오케스트라 지휘자와 같다. 직접 모든 악기를 전문적으로 연주를 하지 않더라도 전체적인 음악의 흐름을 파악하고 부족하거나 과한 부분을 찾아내 하모니를 이루도록 연주가를 독려하는 지휘자와 역할이 비슷하다.

협회에서 진행하는 세미나 참석을 통해 부족한 분야를 틈틈이 공부하는 지혜가 필요하다. 특히 대상자에게 딱 맞는 신선한 프로그램 개발을 위해 학교별, 기수별 원예치료 연구회나 월례회에 적극 참여하는 것은 자기계발의 추진력을 높여줄 것이다.

원예치료를 배우고 싶다면

우리 협회에서 실시하는 각 대학 부설 평생교육원에 원예치료 과정이 개설돼 있다. 매년 봄학기와 가을학기에 2회 모집해 개강하는데, 학사일정은 대학 학사일정과 비슷하다. 즉 봄학기는 2월에 접수·등록해 3월 초에 개강을 하고, 가을학기는 8월에 접수·등록 후 9월에 개강하는 학기제로 운영한다.

현재 우리 협회가 주관해서 운영되는 원예치료사 기본교육과정 학교는 이화여자대학교, 서강대학교, 남부

대학교, 광주교육대학교, 순천 청암대학교이며 강원, 대구, 부산 지역에도 개설 준비 중이다. 기본교육과정을 마치면 희망자에 한해서 방학기간을 이용해 전문가과정을 운영하고 있다.

필요에 따라 특별교육과정도 운영해 진행된다. 특별교육과정은 기업, 교사연수 등 10명 이상 원예치료사 자격과정 이수 희망자가 있는 기관은 단체 접수해 별도 운영하고 있다. 대학과정 커리큘럼과 비슷하나 자격급수에 따라 조금씩 상이한 부분도 있다.

기본교육과정 교과목은 원예치료학, 기초원예학, 사회복지학, 심리상담학, 원예치료평가방법 및 논문분석 등 매회기 이론과 실습을 병행하고 있어 늘 활기 넘치는 강의로 출석률과 참여율이 매우 높다.

전문교육과정 역시 이론과 실습 병행으로 연결되는데, 기본교육과정과는 커리큘럼이 전혀 다르다. 스토리텔링기법을 이용한 원예치료, 원예심리치료기법, 원예치료 프로그램 R&D, 프로포잘 작성법, 강의매너와 기법 등으로 현장에 직접 접목할 수 있는 과목으로 구성돼 있다. 다음은 원예치료사 양성교육과정을 통해 얻어지는 값진 요소들이다.

1) 다양한 사람을 만나고 얻게 된다

평생교육원의 특징이 각계각층의 사람들로 구성돼 있어 좋은 인맥형성의 기회를 자연스럽게 만들 수 있다. 다른 모임보다 학습과정으로 만난 인연은 이해관계를 벗어나 지지하고, 서로에게 유익이 된다. 새로운 인간관계의 형성을 통한 대인관계의 폭을 넓히고자 하는 사람들에게 적극적인 참여를 권한다.

2) 수강생 본인이 치유되는 과정을 경험한다

매시간 이론과 더불어 실시하는 원예실습은 늘 생동감으로 넘쳐난다. 무심했던 자신과 주변을 돌아보게 되고, 잊고 지낸 감사의 조건들을 생각나게 하며, 마음속의 상처와 아픔이 자연 치유되는 기적을 경험하게 된다. 수료자 중 절반 이상이 스스로 치유되고, 힐링되는 시간이었다고 고백한다. 힐링이 필요한 사람이 있다면 지금 문을 두드리면 된다.

3) 전문직업을 갖게 된다

아직도 원예치료 현장에서는 전문가를 원한다. 다양한 사회복지기관과 시설, 다문화센터, 새터민센터, 재활센터, 자활센터, 교도소, 전국의 초·중·고등학교, 기업체 등이 있다. 힐링의 중심이 꽃과 식물이라는 것을 이제는 사람들이 알고 있다. 새로운 직업군에 속해 전문가의 모습으로 변신할 수 있는 최고의 기회를 놓치지 않으면 좋겠다. 여타 강의 직업군과 특별히 다른 점은 강의 능력이 약간 미흡할지라도 화사한 꽃과 싱그러운 식물을 보는 순간 대상자의 마음은 이미 흥분과 축제상태로 전환되기 때문에 강의 약점을 충분히 덮어주고도 남는 특별한 직업이다.

원예치료 프로그램

다양한 대상자와 수많은 프로그램을 개발해 치료 목적에 부합되는 원예치료 프로그램을 진행하기에 앞서 가장 우선시 되는 것이 있다. 대상자에 대한 충분한 이해다. 대상자의 특징을 안 뒤에 그들의 눈높이에 맞는 프로그램을 적용해야 한다. 원예치료는 결과보다는 과정이 중요하다. 자칫 예쁘고 화려한 결과물에 치중하다 보면 정작 치료 의도와는 동떨어진 허무한 결과를 낳고 만다. 또한 대상자와의 공감대 형성이 우선된다. 이는 대상자가 치료사를 신뢰할 수 있도록 하는 최고의 기재다. 달리는 말과 기수의 마음이 일체감을 느낄 때 속도를 더하며 장애물을 두려워하지 않고 넘듯, 치료사와 대상자 역시 보이지 않는 끈끈함이 묻어나야 한다.

아무리 좋은 프로그램도 우발적인 사고는 모든 것을 잃게 한다. 특히 원예도구는 위험한 것이 많다. 야외텃밭 활동이나 호미나 쇠스랑 등 농기구 활용 시 반드시 지정된 장소에 날카로운 면이 땅을 향하게 뒤집어 놓도록 강조한다. 마끈이나 리본 등은 대상자에 따라 흉기로 변할 수 있다. 일정한 길이를 재어주며 원예활동에 정확하게 사용됐는지, 마무리 부문에서 반드시 확인하는 것도 놓쳐서는 안 된다. 원예치료에서 피할 수 없는 도구인 가위는 가능한 2인 1조 사용을 권한다. 서로 위험한 행동을 할 수 없도록 예방하고, 사용한 원예도구는 책상 왼쪽 위 끝부분에 정확히 올려놓도록 하는 것은 사전에 공지해야 한다.

보조치료사나 기관 직원들이 함께 수업에 참여한 경우 적절한 거리를 유지하며, 함께하지 않는 듯한 자연스러운 분위기를 연출해야 한다. 또한 프로그램의 효과를 높이기 위해 사전 답사를 통해 현장 자원 활용 가능 여부를 충분히 숙지한다. 전원코드 유무, 수돗물 사용 가능 여부, 뒤처리 도구 유무는 원예치료 프로그램 구성 및 적용 시 중요한 부분이기 때문이다.

원예치료 프로그램은 사전 미팅, 사후 분석을 습관화해야 한다. 이는 자칫 원예활동으로 기울어지는 것을 방지하고, 질 높은 프로그램을 제공할 수 있기 때문이다. 다른 원예치료사 선생님의 강의에 스텝으로 참여하는 것은 자기 발전을 위해 더없이 필요하다. 원예치료사에게 경험만큼 큰 스승은 없기 때문이다.

1) 대상자별 원예치료 적용방법

(1) 정신장애인

약물복용으로 정신적, 육체적인 피로감을 쉽게 느낀다. 프로그램 진행 중 졸기도 하며, 입안이 마르고 눈이 침침할 수 있어 집중력이 약한 모습을 보인다. 수업 진행 중 편하게 약이나 물을 복용할 수 있도록 심리적인 안정감을 줘야 한다. 강의는 운동자극 효과를 줄 수 있는 게임으로 피로를 풀어준다.

추천 프로그램 : 비교적 쉬운 프로그램(예 : 식물 분갈이)으로 구성한다.

(2) 청소년(ADHD)

프로그램 집중보다 또래 친구들과의 상호작용에 관심이 많다. 거친 언어와 에너지 넘치는 활동은 진행자를 당황하게 할 수 있다. 먼저 규칙을 명확하게 전달하고 잘 지켰을 때의 보상도 함께 제시하면 좋다. 청소년과 공감할 수 있는 아이돌 가수나 연예인, 스포츠 이야기로 시작하는 것이 좋다. 프로그램 역시 치료사의 목적에 따라 의도적으로 활동적인 것과 정적인 것을 취사선택할 수 있다. 위험한 도구, 특히 가위나 칼, 글루건 등을 사용할 때는 안전수칙을 반드시 지켜야 한다.

추천 프로그램 : 장미 가지 잘라 멀리 보내기, 압화 편지, 캘리그라피를 이용한 프리저브드 액자, 허브삽목, 토피어리, 잔디인형, 다육식물 삽목.

(3) 노인(치매 예방)

꽃과 식물을 가장 좋아하는 대상자이며, 강한 애착을 보인다. 재료

분배 시 공평하게 똑같이 나눠주며, 대상자를 편애하지 않도록 한다. 지난날의 추억을 회상하게 하는 기법을 적극 활용한다. 치매 예방에 원예활동은 최고의 도구다. 가능하다면 회기 중 1~2회기 정도는 야외 활동을 추천한다.

추천 프로그램 : 맛있는 텃밭 만들기, 잔디인형, 추억의 뜰 안 정원, 꽃바구니.

(4) 지적장애인

반복학습 효과를 볼 수 있는 대상자다. 난이도가 쉬운 프로그램에는 집중력과 솜씨도 발휘할 수 있으며, 눈높이를 같이하고, 마음의 대화를 하면 효과적이다. 여건에 따라 장애아의 부모와 함께하는 프로그램도 좋은 효과를 보여준다. 장애인 고용센터와 연결해 원예기술을 익히게 해 장애인 취업과 관련된 교육 병행도 추천한다.

추천 프로그램 : 꽃꽂이, 식물 이사하기, 물고기를 이용한 수경재배, 식물 번식 기술.

(5) 알코올중독

속내를 쉽게 드러내지 않는다. 소극적이면서도 경계심이 심한 편이다. 중독의 위험을 알고 있으면서도 단주를 못한 약점을 스스로 자책한다. 마음 열기가 가장 핵심이며, 방법은 꽃과 자연을 자주 접하게 하는 프로그램이 효과적이다.

추천 프로그램 : 꽃길 산책, 다육식물 기르기, 수경재배.

(6) 지역자활센터

경제적 위기를 슬기롭게 극복할 수 있는 심리적 지지를 바탕으로, 원예기술을 습득해 새로운 직업을 발견할 수 있다. 자활사업단과 연계해 분갈이 사업팀, 실내식물 관리 전문가팀, 꽃 배달팀을 만들어 수익 창출사업을 도모할 수 있다.

추천 프로그램 : 식물 분갈이, 꽃꽂이, 테라리움, 미니정원, 하바플라리움, 프리저브드.

(7) 외상 후 스트레스 장애(PTSD)

같은 증상을 보이는 사람들과 함께 소그룹을 만들어 가벼운 대화로 시작하는 것이 중요하다. 서로의 감정을 터놓고 공감하는 순간, 어느 정도 치유된다. 이때 화려한 꽃보다 녹색 잎이 많은 그린식물이나 향이 좋은 허브 식물을 적극 활용한다.

추천 프로그램 : 아로마 테라피, 율마 옮겨심기, 몬스테라, 엽란 등과 같은 잎큰 식물을 이용한 힐링 레터.

(8) 지역아동센터

아이들의 마음친구가 돼야 한다. 가능한 학습과 연관된 원예수업을 진행하는 것이 바람직하다. 도전 가능한 꿈, 비전을 심어주고 칭찬과 격려를 아끼지 않는다.

추천 프로그램 : 식물관찰일지, 미니텃밭, 까나페, 완두콩 싹 틔우기 실험, 백합꽃 물 올림 관찰하기, 봉숭아 물들이기, 꽃과 관련된 동시 짓기 등.

(9) 감정노동 서비스 종사자

최대한 밝은 분위기를 연출하며 레크리에이션과 겸한 수업이라면 금상첨화다. 자연스럽게 말을 많이 할 수 있도록 분위기를 연출한다. 분화식물보다는 생화나 프리저브드 꽃을 이용하도록 한다.

추천 프로그램 : 꽃꽂이, 유칼립투스를 이용한 리스나 갈란드, 아로마 테라피, 스칸디아모스를 이용한 감정인형 만들기, 포푸리 향 주머니 등.

(10) 재활치료자

몸이 불편하면서 마음도 약해진 상태다. 시작 전 항상 마음 근육 훈련을 병행한다. 속담, 사례, 경험담, 미담, 신화 등 꽃과 관련된 전설로 시작하면 집중력을 보여준다. 할 수 있다면 보호자와 함께 참여하면 더 효과적이다.

추천 프로그램 : 와이어 바스켓, 당신에게 바치는 꽃, 씩씩한 다육화분, 말채나 마디초, 부들과 같은 꽃 소재를 응용한 창작 꽃꽂이, 꽃케이크 만들기, 플라워 액자 등.

(11) 산모를 위한 태교원예

10명 내외의 소그룹이 좋다. 먼저 에센스 오일을 이용한 명상과 마사지 그리고 힐링 음악을 미리 준비해둬야 한다. 마음을 다스린 후 은은한 컬러감이 있는 생화를 이용한 프로그램에 중점을 둔다. 가능한 손으로 할 수 있다면 가위 대신 손을 이용해 꽃을 다듬도록 유도한다.

추천 프로그램 : 꽃신화분, 수국부케, 프리지아 화병, 국화 꽃다발, 작약 꽃꽂이, 가족픽토그램을 이용한 꽃꽂이, 아로마 모빌 등.

(12) 청소년, 취업캠프

꽃빙고 등 게임과 퀴즈를 병행해 집중 유도한 후 진행하면 효과적이다. 최소 30~300명의 대규모 집단게임으로, 프로그램은 최소한 활동단계가 적으며, 강한 메시지를 전달할 수 있어야 한다.

추천 프로그램 : 내 마음을 밝혀주는 하바플라리움, 다짐액자, 펜슬씨앗 심기, 버킷리스트, 미니다육 목걸이, 타임캡슐 등.

(13) 신입사원, 기업연수

비전캠프와 비슷하나 회사 경영방침을 미리 숙지해 관련된 원예치료 프로그램을 운영하는 것이 좋다. 특히 조직문화, 핵심가치와 연관된 원예프로그램은 빛을 발할 것이다. 인원 규모에 따라 팀별·부서별 미션을 줘 수행하도록 한다.

추천 프로그램 : 꽃과 꽃잎을 이용한 우리 회사 인재상 만들기, 내가 만약 (사장, 부장, 팀장, 과장)이라면 If 모듬정원, 회사 내 갈등해소를 위한 털실을 이용한 프레임플라워 등.

2) 계절별 원예치료 프로그램

(1) 봄

쑥쑥자람 식물파종, 나만을 위한 수선화 심기, 싱그러운 초화 바구니, 싱싱한 녹색바람 엽채류 심기, 탱글탱글 잘 여문 과채류 모종심기, 봄 향기 가득 프리지아 꽃다발, 건강 식탁 쌈채소 정원 만들기, 옹기종기 디시가든 만들기, 스토리가 있는 다육삼형제, 사랑과 감사 꽃바구니, 마음 담은 한 송이 꽃포장, 매직 화병 만들기, 새색시 시집가는 날 부케 만들기, 또 하나의 생명 허브삽목.

(2) 여름

풍덩 아쿠아리움, 첫사랑을 기다리며 봉숭아 물들이기, 변치 않는 천 년 사랑 천연 염색 손수건, 유기농을 고집해요! 천연 농약 및 비료 만들기, 물속에서 잘 자라는 수경재배, 음식에도 컬러를 푸드아트 테라피, 향기 가득 포푸리 향 밀짚모자, 녹색에 마음 담은 나뭇잎 편지 쓰기, 더워야 물렀거라 압화 부채 만들기, 매일 기록하는 텃밭 성장 일기, 색채감의 절정 수정토_{일명 개구리알} 투명 화분, 돌 틈에 향기 담고 풍란을 이용한 석부작.

(3) 가을

가을을 배달합니다! 국화 꽃다발, 심신을 회복하는 국화차 만들기, 자연에서 왔어요! 솔방울 인형 만들기, 곡물의 변신은 무죄! 곡물 콜라주, 아로마 테라피, 참새와 허수아비 농장 만들기, 가을엔 편지를 하겠어요!_{단풍잎 편지 쓰기} 가을에는 나도 시인, 나뭇가지를 이용한 프레임 꽃다발 만들기.

(4) 겨울

마음만은 하얗답니다! 숯부작, 편백을 이용한 소망트리, 뽕나무를 이용한 비전트리_{단체결과물}, 따뜻한 온기를 간직한 도우아트 화분, 율마를 이용한 크리스마스 파티 장식, 함께 만드는 꽃케이크, 스칸디아모스를 이용한 볼트리 만들기, 진한 커피 향에 빠진 날! 커피나무 분갈이, 다육이를 품은 탄화코르크.

(5) 사계절

대롱대롱 행잉바스켓, 나도 셰프 카나페, 예술의 경지에 오르다! 냅킨아트 화분 만들기, 오색 빛 무지개 꿈을 그려주는 테라리움, 볼수록 보고 싶은 너! 토피어리, 그리움은 꽃으로! 압화 엽서, 변치 않는 나만의 맹세! 프리저브드 다짐액자, 내 마음을 밝혀주는 하바플라리움, 영원한 사랑을 꿈꾸며 리스 만들기, 매끈한 피부를 위한 천연 비누 만들기, 내 마음대로 창작하는 세라믹 화분, 웃음 가득 미니정원 만들기, 꽃신을 신고 뛰어보자 팔짝! 꽃신화분, 고목에도 꽃피우는 틸란드시아 목부작, 어디든지 착 달라붙는 넬솔정원, 나무 슬라이스를 이용한 감정화분 만들기, 리사이클링 화분 만들기. 페트병, 미니 음료병, 1회용 커피컵, 스티로폼 상자, 세탁소용 옷걸이 등

평생행복
평생학습으로 누리세요

평생교육법 제2조에 따르면, '평생교육이란 학교의 정규교육과정을 제외한 학력보완교육, 성인 문자해득교육, 직업능력 향상교육, 인문교양교육, 문화예술교육, 시민참여교육 등을 포함하는 모든 형태의 조직적인 교육활동'을 의미한다. 좀 더 구체적으로 평생교육법에 나타난 평생교육의 개념 요소를 살펴보면 다음과 같다.

첫째, 평생교육은 학교의 정규교육과정을 제외한 교육활동이다.
둘째, 학력보완교육 등 모든 형태의 교육을 포함한다.

셋째, 조직적인 교육활동이다.

평생교육의 창시자라고 불리는 프랑스 성인교육 학자인 랑그랑Paul Lengrand은 〈평생교육L'education permanente〉이라는 보고서를 유네스코 성인교육발전위원회에 제출하면서, "인간은 태어나 죽을 때까지 평생을 통해 교육받을 권리가 보장돼야 한다. 그리고 이것을 위해 새로운 교육제도들이 만들어져야 한다"라며 평생교육의 개념과 필요성을 역설했다.

평생교육 현장에서 느끼는 생생한 감동은 평생교육의 필요성과 효과를 피부로 느끼곤 한다. 젊은 날 가정형편상 또는 여러 여건상 배우지 못한 공부를 마음껏 즐기며 누리는 성인학습과정을 보면 공부는 저렇게 하는 거구나 새삼 느낀다.

공부는 즐거워야 하고, 내 삶의 기름진 활력소가 돼야 자발적이며 역동성을 띤다. 많은 사교육비를 투자해 가르쳤는데도 정작 부모의 기대에 절반도 못 미치는 자녀의 모습을 보면서 이제는 부모들의 자녀교육 방향이 달라지기 시작했다. 요즘 부모들의 눈길은 취업 잘되는 전문대학이나 기술전문학교, 또는 학교의 이름보다는 학교의 특색 있는 학과 진학에 눈길을 돌리기 시작했다. U턴파도 상당하다.

대학 졸업 후 한참이 지났는데도 취업준비 중인 아들을 보고 있는 것보다 더 속이 불편한 것은 명절날 모인 친척들의 이야기를 들을 때다. "우리 아들은 실업계 고등학교에 보내길 얼마나 잘했는지 몰라요. 이번에 공기업에 취업했고, 또 회사에서 지원하는 학습지원 제도를 이용해 야간대학을 다니고 있어 얼마나 기특한지 몰라요. 형님"이라며 쏟아내는 동서의 속사포 자랑은 속을 아리게 한다. 이렇게 글을 쓰고 보니 모든 게 다 먹고살기 위해 적응해가는 교육과정 같기도 하니, 속물이라고 치부하고 싶으나 너무나 현실적인 것이다.

중·고등학교에 특강을 자주 나간다. 취업, 진로박람회 같은 기회일 때도 있고, 진로탐색 과정으로 강의를 한다. 이 정도의 제도적 지원도 예전보다는 많이 발전한 것이 사실이다. 학교에 미리 도착하면 실내를 잠시 들여다본다. 현실을 눈으로 직접 보기 위해서다.

선생님은 열심히 아이들에게 교과서 내용을 전달한다. 몇 명의 아이들은 눈이 초롱초롱하다. 흥미를 가지고 집중해 청강하는 모습이다. 몇 명은 졸고 있는지, 자는지 비몽사몽이고, 일부 아이는 앉아 있는 자체가 무척이나 힘들고 괴로워 보인다. 어떤 여학생은 거울을 보며 머리를 좀 더 잘 말리게 하려고 뱅뱅 꼬고 있고, 남학생 몇 명은 선생님 몰래 친구들과 장난치던 모습은 기성세대가 보냈던 일반적이고도 자연스러운 학창시절 모습이었다. 한 시간, 한 시간이 얼마나 소중한데, 이왕이면 흥미 있고 자발적인 학습 분위기였다면 보기도 좋았을 것이라는 아쉬움이 남는다.

이들이 고등학교를 졸업하면 대부분 대학을 진학하게 된다. 여기서 대부분이란 학습의욕, 미래설계를 가지고 대학을 진학하면 다행이지만, 공부와 학교생활에 흥미를 잃은 아이들이 다른 친구들이 대학에 가니 의무교육인 양 입학한다. 입학동기부터 남다르니 학교에서도 적성과 환경을 이유로 중도 탈락하는 학생들이 점차 늘어가는 것은 이상하지 않다.

하기 싫은 공부를 억지로 해서 해결되는 문제는 아니라고 본다. 분명 아이들이 특별히 관심 갖는 분야가 있을 것이다. 그런데 우리는 무조건 밀어붙인다. "그래도 고등학교는 나와야 돼" 또는 "대학은 나와야 사회생활을 잘할 수 있어"라고 말한다. 그런데 정작 대학 나온 수십만 명의 취업준비생은 결국 공무원 시험에 매달리고 있다니 아이러니하다.

오늘도 대학 부설 평생교육원에서 원예치료사 양성과정 수업을 진행한다. 20여 명의 수강생 중 지각 1명, 결석 0명이다. 3시간 동안 졸거나 무관심한 표정을 짓는 수강생은 본 적 없다. 야간수업임에도 불구하고 다들 초롱초롱하다. 질문도 적극적이다. 만학도 중 한 분은 "내가 진작 이렇게 공부했으면 ○○대학 갔겠네요"라며 웃음을 지어 보인다. 본인이 배우고 싶어 하는 공부이기에 지루하거나 무료할 틈이 없다.

수업이 끝나가는 것을 아쉬워하는 공부, 이런 수업이 학교현장에서도 이뤄질 날이 멀지 않은 듯하다. 평생공부는 '삶의 활력을 불어넣어 주는 평생주유소'이기 때문이다. 인생의 남은 여정에 지적 에너지로 충전하고 싶다면 평생교육원에 문을 두드려라. 지식의 바다에 헤엄치며, 정보의 비타민을 마음껏 마실 수 있을 것이다.

EPILOGUE
식물이 답이다

올해 여름도 열대야 기간 신기록을 갈아 치웠다. 역대 최고로 무더운 날씨였고, 지속된 폭염으로 인한 피해 역시 역대 최고였다. 이런 소식은 해마다 같은 멘트로 등장할 것이다. 갈수록 자연 앞에 겸손해진다. 불볕더위 가운데 꿋꿋하게 견뎌줘 그늘을 만들어준 가로수가 고맙기만 하다. 하지만 이들도 언젠가는 잎들을 접고, 조용히 우리 곁을 떠날 것 같은 두려움이 밀려온다. 그들과 함께하고 싶다. 아니, 반드시 함께해야 하기에 꼭 붙잡고 싶다.

　원예라는 단어는 아직까지도 대중들에게 생소하고 낯설다. 들어는 봤지만 흙과 농사, 땀, 일이 연상돼 결코 만만한 느낌은 아니다. 반면 꽃은 친숙하고 화려해 또 다른 매력으로 다가온다. '원예치료'라는 무거운 용어 대신 '꽃치료'라고 하고 싶지만, 이번에는 생각보다 가벼운 느낌이 들 뿐 아니라 꽃이라는 제한된 소재에 갇힌 느낌이다.

　한국직업능력개발원의 민간자격 발급 규정에 의해 의료적인 행위 이외에는 치료라는 단어가 들어가는 자격증을 불허하고 있다. 그래서 원예치료사 자격증도 복지원예사나 원예심리지도사라는 자격 명칭으로 교육하고 발급한다. 하지만 일선 현장에서는 여전히 원예치료사라는 호칭으로 통용되고 있다.

　원예치료 프로그램은 만족도가 상대적으로 높은 대체요법이다. 프롤로그에서도 언급했듯 인간의 본능을 자극하고, 갈증을 해소시켜주기 때문이다. 또한 완성된 결과물에 만족감을 줘 성취감을 높여주는 것도 한몫한다. 치료를 넘어 소통의 도구로 안성맞춤인 프로그램이 원예치료다.

　원예라는 단어가 좀 더 친숙하게 대중 앞에 다가갈 수 있으면 하는 바람이다. 이 역시 원예치료사의 몫이다. 꽃과 식물만을 이용한 프로그램이지만, 그 결과와 파급효과는 어떤 것과 비교해도 결코 뒤지지 않는다. 기업, 조직 구성원의 의식이 변하고, 가족관계가 회복되며, 단절된 사회가 소통될 수 있는 마법사 역할을 충분히 하고 있기 때문이다. 원예치료 전문가로서 대중화할 수 있는 프로그램 개발과 전문적인 원예치료 강사 육성을 해야 하는 책임감을 느낀다.

마지막으로 자연과 환경 그리고 식물과 인간 상호 관계의 질서가 깨지지 않도록 조심스럽게 다뤄야 한다. 꽃과 식물들은 우리가 공존해야 할 평생 파트너이며, 살아가야 할 해답의 열쇠를 쥐고 있기 때문이다.

원예치료사의 길을 걸어온 지 벌써 10년이 훌쩍 넘었다. 현장임상실습 2,000회 이상의 경험과 원예치료사 양성 지도과정 강의도 6년이 넘어가는 동안, 가르치는 과정에서 배우는 것이 너무도 많았다. 스스로 감동돼 희열의 순간을 정지시키고 싶은 때가 많아 생각나는 대로 조금씩 글로 남기기 시작했다.

그동안 바쁘다는 핑계로 차일피일 미뤄온 원예치료 대중서를 더 이상 미룰 수는 없었다. 힐링의 경계를 뛰어넘는 힐빙 Heal-being 의 시대에 살고 있기 때문이다. '힐빙'이란 'Healing'과 'Well-being'의 합성어로 치유를 통한 영적·육적 건강상태를 유지하는 것을 의미한다. 힐빙에 대한 비밀 열쇠를 원예치료 현장에서 자주 발견하게 된다. 시간이 흐르기 전 생생한 기억으로 남아 있는 동안 가감 없이 전해주고 싶었다.

이 책이 세상의 빛을 볼 수 있도록 동기 부여와 적절한 자극을 주신 두드림미디어 한성주 대표님께 진심으로 감사드린다. 무엇보다도 꽃과 식물을 선물로 주시고, 깊은 성찰을 통한 지혜를 주신 하나님께 영광을 돌린다.

꽃과 함께라면 Always
신상ok

참고문헌 및 참고자료

참고문헌

권영한, 《재미있는 꽃이야기》, 전원문화사, 1997.
김윤나, 《말그릇》, 카시오페아, 2017.
나명진, 《무기력의 심리학》, 북랩, 2017.
문원 외, 《생활원예》, 한국방송통신대학교출판부, 2006.
송홍선 외, 《꽃사랑 21가지 지혜》, 문학풍경, 1997.
윤홍균, 《자존감 수업》, 심플라이프, 2016.
이미향, 《당신이 스토리텔링이다》, 생각나눔, 2018.
이성규, 《신비한 식물의 세계》, 대원사, 2016.
이창우, 《바디 바이블》, 서우, 2018.
최영순, 《마음밭에 무얼 심지?》, 고즈윈, 2010.
Craig Nakken, 오혜경 옮김, 《중독의 심리학》, 웅진지식하우스, 2008.
David Tracey, 심우경 외 옮김, 《도시농업》, 미세움, 2012.
Rebecca L. Haller 외, 최영애 옮김, 《원예치료방법》, 학지사, 2010.
Volker Arzt, 이광일 옮김, 《식물은 똑똑하다》, 들녘, 2013.

참고자료

독거노인종합지원센터, 〈사업소개〉
(사)한국시각장애인연합회, 〈시각장애인의 이해〉
(사)한국지역자활센터, 〈자활사업개요〉
(사)한국지적발달장애인복지협회, 〈정보 및 사업〉
산림청, 〈연구자료실〉
한국장애인고용공단, 〈통계자료실〉

마음꽃을 활짝 피워주는 원예치료
인사이드 원예심리

제1판 1쇄 2018년 11월 15일
제1판 2쇄 2023년 5월 1일

지은이	신상옥		
펴낸이	최경선	**펴낸곳**	매경출판㈜
기획 제작	㈜두드림미디어		
책임편집	배성분	**디자인**	얼앤똘비악 earl_tolbiac@naver.com
마케팅	김성현, 한동우, 구민지		

매경출판㈜
등록 2003년 4월 24일(No. 2-3759)
주소 (04557) 서울시 중구 충무로 2 (필동1가) 매일경제 별관 2층 매경출판㈜
홈페이지 www.mkbook.co.kr
전화 02)333-3577
이메일 dodreamedia@naver.com(원고 투고 및 출판 관련 문의)
인쇄·제본 ㈜M-print 031)8071-0961
ISBN 979-11-5542-909-9(03180)

책 내용에 관한 궁금증은 표지 앞날개에 있는 저자의 이메일이나
저자의 각종 SNS 연락처로 문의해주시길 바랍니다.

책값은 뒤표지에 있습니다.
파본은 구입하신 서점에서 교환해드립니다.

이 도서의 국립중앙도서관 출판예정도서목록(CIP)은 서지정보유통지원시스템
홈페이지(http://seoji.nl.go.kr)와 국가자료공동목록시스템(http://www.nl.go.kr/kolisnet)에서
이용하실 수 있습니다.
(CIP제어번호: CIP2018033715)